Antología Literaria

Sueños y Secretos

Cuento Y Poesía

Autores Hispanoamericanos

Eco Editorial Argentina

Antología Literaria Sueños Y Secretos @2014
Eco Editorial Argentina
Todos los Derechos Reservados.
Invitado Especial: Manuel Salinas
Editora: Gladys Viviana Landaburo
eco_editoria@yahoo.com.ar
Fotografía: Julia Grover
Diseño de portada: Julia Grover
Email: juliagogrover@hotmail.com
https://www.facebook.com/JuliaGroverFOTOGRAFIA
ISBN: 978-987-45634-0-8

"…Dentro de ti está siempre el secreto:
dentro de ti están todos los secretos…"

Amado Nervo

Todos tenemos muchos sueños y secretos, alimentando cada segundo por vivir. Todos miramos la vida y nos permitimos anhelos sin límites, pues soñar no cuesta nada. Muchas veces nuestros sueños, son muy secretos e inconfesables, pero día a día nos permiten habitar una paradójica vida, en donde nos sentimos libres en medio de estos sueños, cuando cobran vida en la intimidad de nuestras almas, ahí adonde todo está permitido y somos completamente genuinos sin censura alguna, porque sabemos que siempre serán nuestros "Sueños y Secretos", y solo está nuestra alma por testigo, la que nos dejará seguir soñando…

En esta antología literaria, los invitamos a sumergirse en magníficas letras en narrativa y poesía, que quizás, sean secretos celosamente guardados, o quizás, solo fantasía de la rica imaginación de los talentosos autores que la integran…, pero como ya les dije anteriormente, sea fantasía o no, siempre será una realidad paralela, aunque solo sean anhelos por vivir abrigados en esos sueños y secretos en plena libertad.

Gladys Viviana Landaburo

Editora

María Elena Altamirano

Argentina

María Elena Altamirano

Biografía

Entre los 14 y 15 años escribí mis primeras poesías, las guardé celosamente durante años, hasta que mi amiga Gladys me animó a sacar algunas y hacerlas parte de este libro. Nací en Córdoba, Argentina, un 3 de febrero, hace 48 años, soy coscoína por adopción. Tengo una hija, un hijo, un nieto pequeñito y un compañero de vida formidable con el que llevamos casi 30 años juntos. Agradezco a Dios cada minuto y trato de disfrutar siempre de las pequeñas cosas

RECUERDO

Recuerdo…

horas felices que contigo compartí,

pero sigue tu camino sin pensar en mí.

Recuerdo…

ese tiempo que estuviste a mi lado,

entrégate al destino sin pensar en el pasado.

Recuerdo…

cómo era tu figura, qué simpatía y ternura me atraía a ti;

yo te deseo que seas feliz…, mi felicidad es única viéndote reir.

Recuerdo…

y también comprendo que me has amado,

pero no mires para atrás, sigue caminando.

VUELVE

Vuelve que las sombras

te recordarán mi presencia.

Vuelve que los lirios

te hablarán de mi ausencia.

Vuelve al viejo parque

donde cantan con tristeza

las hojas que en otoño vuelan

junto con lo que tú piensas.

Vuelve... pero no vuelvas,

que es triste no encontrarse

con alguien que te quiera.

YA NO ESTÁS

Yo te quiero tanto, tanto

que mi vida es puro llanto

porque tú no estás.

Hace mucho que te fuiste

y ya nunca más volviste

y la vida se me va.

Tras tus pasos peregrino

sin camino y sin destino

para poderte encontrar.

Cuántas veces yo a tu lado

sin tristeza ni pasado,

de la vida gozaba.

Y ahora estoy perdida

ya no vivo más mi vida

porque tú no estás.

Bebí un trago muy amargo

Cuando me dijiste parto

Parto para no volver jamás.

A LA DERIVA

Hay un barco a la deriva,

es un pedazo de mí,

una porción de mi vida

que se ha turbado por ti.

Esa mirada profunda,

esa voz tan especial,

no debieran inquietarme

pero me hacen bien y mal.

Es una lucha continua

día tras día conmigo,

en lo que debo y quiero,

que no me deja respiro.

Necesito recuperar la paz

que tenía en mi alma,

necesito arrancarte,

pero en mi mente te instalas.

Estás en mis horas de soledad

como clavo remachado,

y no te puedo quitar,

ya ni sé cómo intentarlo.

IMPOSIBLE

Tal vez si no pensara, y el tiempo no existiera,

tal vez si yo perdiera del todo la razón,

me quitaría el corazón y en la mano te lo diera.

Si acaso la primavera fuera solo de nosotros

Y en el mundo no haya otros que a causa nuestra sufrieran,

quizás mi vida entera para darte resulte poco.

Tal vez si no sintiera vergüenza o pudor,

si no sintiera temor de sufrir como he sufrido,

sería yo la primera en ofrecerte mi amor.

Si la certeza me dieras que lo tuyo es verdadero,

y te mostraras sincero y no dudara de ti,

seguramente así, tú sabrías lo que siento.

Seguro esto es un sueño que yo me debo prohibir,

nada de esto es así, nada de esto puede ser

y yo tal vez sin querer, seguiré pensando en ti.

QUÉ SABEN

Cuántas manos sin verdad nos señalaron,

cuántas bocas sin verdad nos criticaron,

cuántos ojos, al pasar, no nos miraron,

repudiando con crueldad que nos amamos.

Cuántas veces a escondidas debí verte,

Otras tantas sin medida te extrañé.

No comprenden que el amor es sin fronteras,

y no saben que antes nunca así amé.

Es que algunos miran bien tu "aventura",

es a mí a quien condenan y censuran,

porque quiero "ganar algo" a costa tuya,

pero como es amor, aún perdura.

Qué saben de querer si están mirando

en qué podemos llegar a equivocarnos.

No estrechan al amor entre sus brazos,

sólo esperan poder ver nuestro fracaso.

Qué poco disfrutan de la vida

aquellos que hacen eco de la envidia.

Qué poco entiende del amor

Aquel que nunca lo sintió,

solo juzga mirando hacia fuera,

sin ver el vacío que adentro le queda.-

SOLO TÚ

Contigo lo tengo todo no necesito buscar,

si me hace falta un amigo, en ti lo voy a encontrar.

Si quiero tener un amante, o el compañero ideal,

si quiero en mis brazos a un niño a quien pueda yo mimar,

no es difícil encontrarlo, si a mi lado tú estás.

Si necesito a alguien que me pueda aconsejar,

o si lo que preciso es alguien en quien confiar,

mientras estés a mi lado, no lo tendré que buscar.

Si necesito alegría, o solo preciso paz,

o quiero tener un hombro donde mi pena llorar,

sé que si estás conmigo nunca me faltará.

No hay nadie como tú que a mí me pueda cuidar,

no existe otra persona, solo tú, no hay otro igual,

solo tú eres mi todo, solo tú y nadie más.-

SI ALGÚN DÍA

Si algún día yo quisiera tenerte conmigo, abrazándote,

te juro que yo podría con solo imaginarte.

Si quisiera yo sentir tu piel rozando la mía,

pensaría en tus manos y eso me bastaría.

Si algún día de mi vida, algo de luz me faltara,

todo lo solucionaría al recordar tu mirada.

Y si se me antojara oír una melodía,

El recuerdo de tu voz a mi me la traería.

Como verás vida mía, tú nunca te irás del todo,

lo que en mí quedó guardado, lo manejo a mi modo.

Ramón Amarillas

México

Ramón Amarillas

Ramón S. Amarillas Armenta nacido en México, al noroeste del País radicando en la capital del estado de Sonora, Hermosillo.

Realizando los estudios superiores en Contaduría y Administración, desarrollando actividades artísticas en poesía y pintura, siendo partícipe de talleres de apreciación literaria y ortografía, así como miembro activo de portales poéticos como Mundo Poesía, Soy poeta.com y El Eco de las Musas.

Como arista plástico ha participado en exposiciones grupales en el estado y su más reciente exposición individual "Ilusión en Rojo" donde se llevó a cabo una combinación de sus obras pictóricas acompañadas por poemas inéditos.

Por el movimiento de promover, apoyar y fomentar la cultura y el arte se integra a los proyectos como El movimientos de "El Eco de las Musas" en el que dijo confía se lograrán los objetivos.

SUEÑOS Y SECRETOS I

Eres amor en silencio
que vive dentro de mí,
como sueños y secretos
los que jamás compartí.

Eres la historia callada
el sueño que viene a mí,
ilusión que llena mi alma,
la dicha de mi existir.

El cofre de mis secretos,
un tesoro en la intimidad,
la puerta que lleva al cielo,
mi llave a la felicidad…

La clave que todo descifra,
la fórmula que me desarma,
alquimia que me convierte,
la libertad en mis alas.

Mi sueño que se realiza,
un secreto que acaricia
 y polo a polo por tu cuerpo
como humedad se desliza..

Así realizas mis sueños,
así develas secretos ...
así desnudamos las almas
envueltas en el misterio.

SUEÑOS Y SECRETOS II

En el baúl de los recuerdos
acumulaba sueños y secretos.
Sueños irrealizables,
algunos que se durmieron…
secretos a voz callada
de esos que agrandan heridas
los que en el alma se guardan.

A veces a solas
celosamente abre el cofre
de esos que son de madera
con olor a melancolía,
a nostalgia y penas…

hay algún que otro recuerdo
que le dibujan sonrisas,
se le humedecen los ojos
abrazando con caricias
bisuterías y fotos…

Es un alma vieja
pero parece de niño
atesorando recuerdos,
sueños y secretos,
para ella una fortuna
aunque no valgan ni un peso .

MUÑECA ROTA

Muñeca fea, muñeca de trapo
que siempre está en el rincón
empolvada y en harapos.

Esa que borró su sonrisa
con la mirada perdida,
muñeca sin esperanza,
injusticia de la vida.

Cenicienta sin vestido,
sin hadas ni gran carroza
no hay magia en su destino,
su palacio es una choza.

Zapatitos maltratados,
vestidito con remiendos,
no hay príncipes encantados
ni coronas en sus sueños.

Para ella no hay cuento de hadas
ni más paisajes que aceras,
tiene prohibido soñar
¡pobre niña pordiosera!.

BARCO DE PAPEL

Navegando a la deriva
en este mar de la vida,
da igual tormentas y calma,
se perdieron mis amarras
ya se rompieron mis velas
soy como un ave si alas.

Soy un cuerpo vacío,
soy un amor apagado...
cual marioneta sin hilos,
sin timón soy un barco.

Una luz que se apagó
y oscureció aquel faro...
la brújula sin aguja
una veleta girando
sin rumbo ni dirección
suspendido en el espacio.

Soy un barco de papel
bajo la lluvia en un charco,
alegría fugaz de un niño
que da un juguete barato.

OCTUBRE/CUARENTA GRADOS

Es domingo en la ciudad
con sus calles tan desiertas,
oigo resonar campanas
en las torres de la iglesia

Está el hombre de la banca,
la loca de la ciudad,
la niñita pordiosera,
el que limpia parabrisas
y el mendigo de la acera...

Soy este otoño gris,
hojarasca del camino,
ese trinar de las aves
como si fuera un quejido...

Cada loco con su tema,
uno que otro miserable
disimulando su pena...

Somos...
marionetas de la vida,
sin sus redes trapecistas,
ojos fijos en los actos
y trucos de malabaristas...

Es domingo en la ciudad,
olor a tristeza y olvido,
son casi cuarenta grados
...yo sigo sintiendo frío.

GRACIAS ARGENTINA

Argentina crisol de razas,
en tu regazo me recibes
y con ternura me abrazas.

Con los amigos y mate
me diste la bienvenida,
con mariposas en la noche
te entregué mi poesía…

Aún retumba en pecho
con el eco de las musas
recitándome los versos
que escribí en mi desdicha..

Argentina es sol del mundo
que hondea en su bandera,
fui extranjero en tu suelo
y realizaste mis quimeras..

Me has llenado las manos
has rebosado mi pecho,
me has dado el privilegio
de compartirme tu techo.

Acogiste mi semilla
con tierra fértil de vida,
y hoy mis letras florecen
al mundo desde Argentina.

BAJO LA SOMBRILLA

Cuando escribo estoy conmigo
me voy haciendo compañía,
la vida es como una broma
es generosa y mezquina

Soy un simple ser humano
que comparte su sentir,
sin más compañía
que la pluma y un papel
para escribir...

Voy contando lo que veo,
lo que pienso y lo que siento
y te ofrezco mi compañía
cuando lees lo que cuento.

Voy dejando en mí andar
pedacitos de mi vida
y en cada letra al versar
mi alma compartida...

Si somos dos solitarios,
el mundo está lleno de ellos,
y no falta el que está
acompañado y desierto.

Hagamos alas de papel,
levantemos nuestro vuelo...
y así Bajo la Sombrilla
compartamos nuestro sueño.

Jeannette Cabrera Molinelli

Puerto Rico

Jeannette Cabrera Molinelli

BIO:

Jeannette Cabrera Molinelli nació en San Juan, Puerto Rico. Estudió Sociología, y por treinta y dos años fue dueña de una compañía de reclutamiento de profesionales. Tomó cursos de escritura creativa en el Programa de Educación Continuada de la Universidad Sagrado Corazón, en la Academia de la Lengua y en el Salón Literario Libroamérica de Puerto Rico (Casa Concha Meléndez). Sus textos se han publicado en el libro antológico Fantasía Circense (2011), en varias revistas literarias —Boreales (2011), CRUCES (2012), Hojas Sueltas (2013), Monolito (2014) — y en el libro Maraña, Antología de Cuentos de Tejedoras de Palabras (2012). Su poesía fue publicada en el libro Antologia de Microfóno abierto en Casa Emilio (2014). Publicó un libro de cuentos, El robo del mar y otros cuentos (2014). Fundó y preside el grupo literario Tejedoras de Cuentos, grupo que organiza y promueve las Noches de Cuentos y La Ruta del Cuento, este último, un esfuerzo colectivo de cuentistas para llevar cuentos a los diferentes municipios del país. Actualmente está trabajando en un libro de Memorias y en otro de cuentos cortos.

MARIPOSAS

Estaban tranquilas, enfermas, pero más o menos en control, y tomaban todas las terapias que les ordenó el médico. El salón estaba lleno de camillas con pacientes en estado muy crítico, en tratamiento intensivo. Las enfermeras iban apresuradas, arriba y abajo, cuidando a muchas mujeres perturbadas, algunas hasta amarradas a la cama.

Esa tarde trajeron a Rosita, descontrolada. Había esperado a su novio que no llegó nunca a la iglesia. Para tranquilizarla, tuvieron que inyectarle un calmante muy fuerte pero ella gritaba sin consuelo. Se veía peor que cualquiera de las otras. No quería que le quitaran el vestido de novia y el médico prefirió dejárselo por unas horas, en lo que se calmaba. Quedó exhausta y se durmió.

Como a las dos horas, abrió los ojos y dio un salto de la cama. Parecía tener alucinaciones. Vio que una de las ventanas no tenía el cerrojo de seguridad.

—Busco aire fresco. Soy mariposa ahora —dijo.

Abrió la ventana, sacó medio cuerpo, se impulsó con las piernas y comenzó a tirarse hacia el vacío. Yo la agarré por la cola del vestido de novias y di varias vueltas para envolver mi cuerpo con la tela hasta lograr sostenerla, quedando la mujer suspendida en el abismo. Si la soltaba, de seguro caería en el espacio. Todo se convirtió en una crisis. Un enfermero corrió hacia el patio para tratar de recogerla y evitar el golpe mortal. Llamaron a la policía que puso en función el plan de emergencia. Un bombero de pelo color caoba y ojos azules, subió las escaleras hasta llegar a ella.

—Tranquila, mi amor, que yo estoy aquí -—le dijo.
—Eres más hermoso del que me dejó plantada.

—Hay oportunidades distintas, mi amor, recuérdalo siempre. Quédate tranquilita.

Poco a poco desenvolví mi cuerpo, solté el vestido que tenía agarrado muy fuerte con las manos, y la mujer cayó en los brazos del hombre que la bajó con cuidado. Regresó a su camilla.

Desde entonces, nos hemos convertido en grandes amigas. Tal y como lo diagnosticó el médico, estaremos aquí por largo tiempo, en el salón de las muchas camillas. Somos dos mariposas ahora. Seguiremos en tratamiento hasta que podamos salir volando.

GLADIOLAS

Era una primavera muy fresca, de esas en que el bienteveo anuncia el florecido de los cafetos. El campo estaba perfumado con la flor de las azucenas. Ivancito salió al jardín y vio una mariposa amarilla muy hermosa que sobrevolaba entre las flores. Quiso agarrarla y caminó hasta ella. Sus pies se tambaleaban con cierta dificultad sobre la piedrilla, pero iba con paso firme. Parecía que una fuerza desconocida lo atraía hacia ese lugar. Se adentró en el jardín de las flores, y sintió que el piso era ahora cómodo, mullido por las hojas.

Se detuvo y notó que su mirada estaba obstruida por las plantas. Miró hacia el frente y solo vio los tallos, altos como mástiles que aguantaban flores como banderas en el viento. Miró hacia arriba y vio que las hojas verdes cubrían el cielo y le daban sombra. Lo único que podía distinguir era el rojo de las gladiolas que se asomaban entre ellas. Con agitación febril, miró hacia todos lados, buscó la salida, el mismo camino que había utilizado antes para llegar hasta allí, pero no lo encontró. Giró la cabeza nuevamente buscando si veía algún otro camino, pero tampoco lo encontró. Solo vio las hojas largas como espadas verdes que lo rodeaban.
Sorprendido, sintió que estaba perdido en un mundo desconocido. Caminó hacia el frente, asustado, pero las hojas se caían, y las flores se desplomaban desfallecidas en el suelo.

Pensó que había caído en un mundo de hojas y flores del que no podría salir nunca. Sintió miedo, el mismo miedo indescriptible que había sentido en su cuarto en una noche oscura, y un calor asfixiante lo embargó. Su cuerpo temblaba en pánico y sudaba. Comenzó a tener dificultad para respirar. Desesperado, pensó que nunca más volvería a ver a su madre, que estaría solo por el resto de su vida, sin defensa ni protección, y sintió terror. Pensó en su triciclo, el tren, su perro fiel que lo echaría de menos. Abatido, exhausto y consumido por la desesperanza, se sentó en el suelo. Tapó los ojos con las manos, para no ver más aquel lugar que lo había atrapado para siempre. Lloró angustiado y gritó con la fuerza de un corazón desgarrado, impotente, derrotado, rendido ante la sorpresa inesperada y la soledad.

    Estuvo allí por unos segundos que le parecieron infinitos. De pronto, unos brazos largos, esbeltos y suaves bajaron del firmamento de ese mundo nuevo, pensó que era un ángel que lo salvaba, que lo agarró por los brazos y lo subió al cielo de hojas verdes y gladiolas rojas, y lo sacó de las sombras tenebrosas. Sintió que lo abrazaron, que ahora estaba defendido del peligro, escudado por unos senos que dan el más dulce sustento, protegido con amor íntimo, guardado, cobijado y mimado, y escuchó una voz que le decía:

    —Ivancito, hijo mío, aquí está tu mamá.

SIN PERMISO

Comenzó con su desprecio,
 causó heridas serias
No le importó el daño
que a la musa le hiciera.
Se le cayeron las alas.
Ya no anda risueña.
.

Rima de la soberbia
Esdrújulo altanero
Prepotente sextilla
Acróstico olvidadizo
De quien fuera su amigo
Su verbo es un acertijo
Cuarteto de la contradicción
Cambia hoy, cambia mañana
Saben ya los poetas
que sus palabras entrampan.
Usa palabras rebuscadas
para esconder su rabia
el complejo que avergüenza.

Es un niño majadero,
Un infeliz mantenido,
Poseedor de caminos
previamente recorridos.
No hay mal que dure cien años
y quien lo aguante no ha nacido.
Démosle tiempo al tiempo
para que ese globo de ego inflado
explote

y hecho pedazos
se pierda
y en algún lugar quede el trapajo.

No te sorprendas si algún día
con el corazón abatido
se enfrentan con su regüelda
y con la verdad en el filo
de un puñal de letras
saquen afuera su odio
y expongan su lepra.

Y ya verás: que en estas breñas
nadie le va a pedir permiso.

Mari Ángeles Castillo Romero

España

Mari Ángeles Castillo Romero

Mari Ángeles Castillo Romero

Curriculum:

Mª Ángeles Castillo Romero.

Nació en España, Málaga (Totalán) en 1976. Estudió Administración, pero

muy pronto sintió la llamada de la Poesía.

Ha realizado lecturas y declamaciones poéticas en toda Andalucía,

participando en diversos programas culturales y televisivos.

Ha colaborado en distintos talleres literarios en colegios e institutos,

así como en la facultad de filosofía y letras de la Universidad de Málaga

(Filología Española).

Dirigió el programa de radio, "Un mundo llamado Poesía".

La Diputación de Málaga y el Ayuntamiento de Totalán han publicado un libro que

recoge su obra juvenil: " Desde la Cuna de Totalán".

Actualmente ha participado en el "Encuentro Internacional de Escritores

contra la Violencia en Ciudad Juárez" (México).

Fue seleccionada para participar en el festival internacional de la

"Noche en Blanco de Granada" 2013 , Cosmopoética" y en la prestigiosa revista "JIZO".

Participó en"Debajo del sombrero, Punto y seguido" Radio Miami (EE.UU).

Sus poemas han sido recogidos a nivel internacional en la antología "La luna en Verso".

Ha formado parte de diversos jurados de premios de poesía y declamación.

Ha sido incluida en múltiples colectivos literarios y su obra ha obtenido distintos Primeros Premios.

Hoy en día, coordina el acto músico- poético " Días de Poesía"

de la Diputación de Málaga , interviniendo en los municipios de :

Monda, Coín, Antequera, Alhaurin El Grande, Vélez-Málaga y Archidona,

para divulgar la colección de poesía Colección Puerta del Mar .

Ha obtenido Primer Premio y Premio Nacional de Declamación 2014.

PRIMAVERA EN NOVIEMBRE

1

A ORILLAS DEL DARRO

Se hace noche la tarde, carmín

en las copas vacías, hojarasca,

ventanas sin aire, pero mis venas

te llevan calle a dentro, pulso

a dentro y en los tejados

una luna de pájaros se refleja

en los muros de la piedra, la luz es

un tizón, la noche arde en los ojos

de las salamandras, y yo aprendo

a amarte prendida en las farolas,

buscando tu boca, camino arriba,

noche abajo, a orillas del Darro.

2

LEYENDO A RONSARD

Y volverás a la memoria entonces

cuando abra el libro de Ronsard

que guardo junto a las páginas secas de las tardes aquellas.

Su aroma será la hiriente oscuridad

que acaricie el dormido anhelo.

Inútil se despertará el pájaro de la boca,

el perfil de la noche sobre mis mejillas

y los sueños descenderán sin cuidado,

tropezando con un cielo de escarcha ebrio y tembloroso.

¿Volver? Volverás, cuando yo te diga,

inundando los puentes y las ramas

desnudas de mis ojos

que te llaman. ¿Volver?

3

CUANDO TÚ ERES LA NOCHE

Deja tu noche dormir en mis muslos,

es mi sed un desierto que sueña la lluvia,

es mi boca un jinete de cascos audaces.

Soy un poco de agua que arde,

un mar que bebe en tu puerto,

un río que no desemboca.

Pero fue necesario el cuenco de tus manos

para conocer esa flor sin salida, esa luz,

ese sueño que crece prendido a la cintura.

Deja a tu noche que sacie en mis muslos,

que la mañana la encuentre

en secreto dormida.

EN PRIMAVERA NO HAY PRISA

I

Hallé el alma en tus ojos;

dejé en tus brazos el alma.

II

Prueba esta cereza dulce y fresca.

Ven. Pasa por su tersa piel,

ya entre abierta, la flor de tu lengua,

y muérdela, despacio entre las ramas.

En primavera no hay prisa.

¿Sientes cómo se desata?

¿Cómo late?

¿Cómo se deshace?

Tuyos son los besos

que se derraman.

III

Toma esta canción,

aprende su salmo.

Arrodíllate y coge sus alas,

siente el latir que mana.

Busca refugio y comulga

con esa miel que te entrego.

Este es el cáliz de un cuerpo.

Embriágate no hay mas luz

que el dulce fuego de esta sombra.

IV

Entra y llueve

para que vuelva

a florecer la tierra.

Ven, baja, Señor.

Está es tu casa, coge

lo que quieras. Abre la tierra

y que, como un pájaro,

todo tiemble de nuevo.

V

Ven, desciende, Señor,

abre la tierra húmeda.

Esta es tu casa,

busca un antiguo vino,

que para ti guardo

y sáciate, soy tuya,

que tu amor acabe

con mi cuerpo a su antojo.

VI

Siente este sonrosado

silencio, esa granada

que de madura en su dulzor,

ya duele. Abre

su corazón, rompe

su velo y ahonda

tiernamente en su fruto:

es un recuerdo para mañana.

Elsa De Fátima García
Argentina

Elsa De Fátima García

Elsa de Fátima García

Poeta y escritora; nació Cañada de La Cruz, departamento Burruyacu provincia de Tucumán; lo cual no impidió compatibilizar con su desempeño literario.

Su labor creativa en el marco de las letras, comprende la realización de poemas en versos libres, haikus, y en narrativa ha escrito cuentos, microrrelato; dicha labor la ha llevado a incursionar en otro género literario más extenso, como la novela romántica y de espionaje.

Ha participado en distintos encuentros culturales a lo largo de este tiempo.

El haber asistido a diversos talleres literarios le sirvió para decantar y enriquecer su obra; liberándola de paradigmas y haciéndola más suya.

Poseedora de una hermosa familia y amigos a quienes dedica su obra.

CUENTO

ROMPIENDO CADENAS

Aún no había salido el sol y ella se paseaba ansiosa con su delantal atado a su cintura.
Podía divisar una luz que venía desde el norte; era tenue...aun así vio serpentear su cola sobre el valle aún en penumbra.
Acercó una silla sobre un montículo de arena para poder observar por sobre los arbustos.
Las hojas se movían de repente.
Sentía el olor a tierra húmeda que venía desde el lago. Pensó en la lluvia del día anterior, que había arrasado con el cultivo de hortalizas sembrado el mes anterior y se preguntaba por qué no llovió antes; ya que tanto trabajo le costó remover el suelo.
Bajó de la silla; sin perder de vista la esfera blanquecina, que parecía estar suspendida sobre un corral cerca del lago.
Fue a la cocina y comenzó a poner en una cesta, una porción de queso y unas manzanas.
Ajustó aún más su delantal y buscó una linterna bajo de la mesa de mármol; luego se dirigió a un cuarto, alejado de la casa, donde guardaba cosas antiguas y comenzó a buscar algo con un apuro inusual.... Y por fin encontró una bolsa negra. Sus manos temblorosas desataron el nudo.
¡Ahí estaban!; las botas de goma, que su marido le había regalado, después de oírla renegar cada vez que llovía y sus zapatillas blancas quedaban inservibles... Las sacudió con fuerza para asegurarse que no haya nada dentro y recién se las puso.
Su falda arruchada rozaba el borde de sus botas.

Se aprestaba a salir del cuarto; cuando descubrió un espejo polvoriento apoyado en la pared grisácea. Se detuvo. Miró sorprendida su figura. Las trenzas rubias hacían una corona en su frente y la blusa blanca de algodón contrastaba con su falda azul. ¡Hacía tanto tiempo que no se miraba al espejo! Sus piernas quedaban escondidas tras su larga falda.
¿Cuánto tiempo pasó desde que compraron el espejo? _se preguntaba_. Recordó aquel momento, cuando veía su cabellera dorada caer como cascada sobre sus hombros y su cintura podía rodearse con las manos… Suspiró profundamente… ¡Estaba tan gorda!!! Por primera vez después de mucho tiempo, pensó en la modista que un día le dijo: "el espejo debe estar en la cocina".
Cerró despacio la puerta. Aferró su mano al cuerpo frío de la linterna encendida; mientras venían a su memoria recuerdos de su infancia; aquellos días en que su padre y algunos peones de la estancia, llevaban los animales al matadero y ella se escondía asustada en un rincón de la casa…
A medida que se acercaba hacia el lago, su pecho latía más fuerte que de costumbre.
Todo estaba quieto; tan quieto, que la luna se reflejaba sin siquiera temblar en el agua.
La linterna descubría piedras extrañas.
Sintió frío en su espalda…
El haz de luz volvió a serpentear cerca de los corrales, donde estaban las vacas, las ovejas y otros animales. Parecía que todos estaban muertos.
Acercó su mano a través del alambrado y toco un ternerito. Estaba tibio y respiraba sin agitarse.
Al comprobar que dormía muy plácidamente, sintió un gran alivio.
Dejó su cesta a un costado y repentinamente llevó su mano sobre su estómago y sintió náuseas.

Se preguntaba qué pudo hacerle daño, ya que ese día solo había comido un bife de ternera, el día anterior costillas de cerdo y el domingo cordero a la parilla
Las náuseas continuaban y también seguía pensando en la comida.
Con gran esfuerzo extendió su mano y tomo una manzana. Le dio un mordisco para quitarse el sabor amargo de su boca. Miró al ternerito tan indefenso y sintió una culpa enorme.
Vio a los peones a un costado del corral, bajo un árbol robusto. Sus manos resbalaban sobre sus estómagos…
Comenzó a experimentar una sensación extraña…
La luz iba tornándose cada vez más intensa, tanto que su color era de un dorado impresionante, que el ternerito parecía de oro. Al levantar la vista no salía de su asombro. ¡Todos los animales eran de oro!
Pensó que a lo mejor alucinaba o que tal vez le había sucedido algo maravilloso. La última posibilidad comenzó a tomar fuerza.
Los peones la escucharon decir que ya no iba a trabajar más, porque se había convertido en una persona muy rica y poderosa; no cultivará los campos ni tendrá las zapatillas cubiertas de barro ni peones y por lo tanto el dinero le rendirá más.
Extendió sus brazos. Miró la luz brillante y exclamó que por fin iba a poder comprarse un espejo grande y pasar horas y horas mirándose en él.
Mientras recogía la cesta, comenzaba a hacer planes. Decía que iba a cargar tan solo un pato en el asiento del viejo camión e irá rumbo al norte una vez al mes. Allá venderá el pato y volverá con cajas colmadas de dinero.
Pensó que ya no plantará más alfalfa, porque los animales de oro no comen.

Dirigió nuevamente su mirada al corral y todo seguía brillando.

Recogió sus cosas y salió eufórica en busca de sus hijos que aún dormían, en tanto seguía pensando que ya no cultivará los maizales para alimentar a los patos, a los pollos…y le sobrará el tiempo para cuidar su figura…

Al llegar a su casa, entró casi corriendo. Dejó la cesta sobre la mesa y fue hasta el dormitorio grande. Despertó a sus hijos. Estaba tan exaltada que ellos pensaron que su madre había perdido la razón. Uno de ellos dijo que tenía mucho apetito y deseaba comer cordero al horno. El más chico, un rico bife con ensalada.

Ella ajustó su delantal y salió presurosa hacia la cocina. Tomó los fósforos y una olla.

Los hijos estaban hambrientos, tanto que ya estaban ubicados alrededor de la mesa y aún no había salido el sol.

Puso los platos de porcelana, los cubiertos, una fuente con tomates, pepinos y zanahorias.

Al cabo de unos minutos observaron que su madre, apretaba fuertemente sus manos a la vez que miraba la tabla de cortar la carne.

¡Una tristeza enorme la invadió!

Ellos pedían con insistencia la comida.

Unas lágrimas resplandecientes rodaron por sus mejillas hasta que por fin pudo hablar, casi balbuceando. Les contó lo que había sucedido, razón por la cual no era posible comer un bife de oro; tampoco asado de oro porque todos los animales del corral e incluso lo que tenía guardado en su heladera se habían convertido en el precioso metal.

Los hijos se pusieron tan serios y preocupados que al verla salir llorando hacia el patio, convinieron en llevarla ese mismo día al doctor del pueblo vecino.

No quisieron contradecirla y comieron solo la verdura.

La madre se dirigió otra vez a la cocina. Al cabo de un rato regresó más calmada y les dijo que los iba a llevar al corral para que comprueben lo que ella afirmaba.
Uno a uno la siguió en absoluto silencio.
Pero al llegar quedaron atónitos. La luz que se acercaba comenzó a cegarles la mirada.
¡Es verdad!, exclamaron al unísono.
Por si esto fuera poco, vieron a los animales levantarse relucientes y salir rompiendo el alambrado.
Con más apetito que antes comenzaron a comer alfalfa, maizales, arbustos, y hasta las ramas gruesas. Después los veían desfilar hacia el lago. Bebían muy sedientos y luego volvían a echarse a la orilla.
Se preguntaron qué comerían al día siguiente.
La lluvia torrencial que había arrasado con sus cultivos les vino a la memoria.
Ella levantó su cabeza recorriendo con su mirada los confines del valle y pensó en los sueldos que no iba a pagar a los peones, en el espejo que le devolvería su imagen de gordita y sintió su cuerpo a punto de desvanecerse.
Sus hijos estaban cada vez más delgados y los animales se multiplicaban. Cada cual más gordos y relucientes, tanto que al sacudirse dejaban pelos dorados por todos lados.
El valle comenzó a llenarse de otros animales. Llegaron pumas, jirafas, leones y devoraban los arboles completamente. Unos a otros se ayudaban para comer las ramas más altas.
Ella se veía cada vez más esbelta. Tenía tiempo para mirarse en el viejo espejo que puso en la cocina.
Los hijos preguntaban si ella sabía lo que sucedía.
Apenas pudo esbozar una sonrisa y les contestó que se estaba rompiendo la cadena.
Los tres la miraron más interrogantes que nunca y dijeron al mismo tiempo:

¿Acaso romper cadenas, no significa liberación, orden, paz, justicia?
Ella los miró profundamente, mientras buscaba una respuesta que los satisfaga.
Por fin se la oyó decir que esas eran otras cadenas.
Los hijos seguían paseándose delante del espejo diciendo que estaban por hacerse invisibles.
Su madre buscó una banqueta y se acomodó sobre ella. Apoyó los codos sobre sus rodillas llevando las manos sobre su cara, dejando caer todo el peso de su cabeza.
Con mucho dolor comprendió lo distinto que hubiera sido si ella hubiese deseado labrar el campo, pagar sueldos justos y generar más trabajo. Seguramente sus hijos podrían seguir rompiendo cadenas.

Fin

Elsa de Fátima García
DNI n° 12.832.527
San Miguel de Tucumán
Cp. 4000
Arquitecta
Cel. N° 0381 - 155310751

Franklin Antonio Galarza Cuesta

Ecuador

Franklin Antonio Galarza Cuesta

Nací el 1 de Enero de 1955, estudié En la" Escuela Politécnica Javeriana", me recibí de Doctor en Administración Educativa. Universidad Central. Lic. en Ciencias de la Educación.
GACUAN-ZAGUÁN (Seudónimo)

EL GRILLO Y LA RANA

Eran amigos y compañeros, solían saltar juntos, comían y recorrían las charcas que había en el campo, dejada por la lluvia. Entre todos se habían hecho muy compinches el cuervo, la paloma y el Martín pescador.
Un día de primavera estos amiguitos decidieron dar un largo paseo y sobrevolando la campiña despacio y tranquilos llegaron a un bosque muy hermoso y grande. Cuando se acercaron vieron cerca de un arroyo al grillo en una piedra y a la rana en otra.- La rana le decía ¡Salta! ¡Salta!, que el arroyo no es tan ancho, y en un ratito juntos podremos estar. De un brinco la rana cruzó más el grillo retrocediendo se acobardó.
Mirando al cielo la ranita observó que entre las ramas cuervo, paloma y Martín pescador se sorteaban la suerte del grillo, para el Martín pescador era simplemente un triste bocado, para el cuervo ni siquiera un suspiro, pero para la paloma lo veía como un exquisito manjar, las aves deliberaban para resolver lo que iban a hacer. El cuervo dijo insistiremos por última vez cual de nosotras procederemos. Picoteando insistentemente al Martín pescador la paloma, le decía no seas mal educado, que primero somos las damas, quítate y déjame pasar, ya saboreaba la encantadora palomilla sin decir nada se abalanzó. De un Croar la ranita saltó y empujó al grillo dejando con únicamente el agua del arroyo a las aves, recibiendo un susto y raspado del pico, de la paloma. Expresando la rana al grillo ¡Esto me lo puedo curar mas mi vida sin una amistad jamás la podría tolerar!.

El amigo y compañero muchas veces toma decisiones para rescatar la amistad a costa de su propia vida.
La luciérnaga

Era una luciernaguita que recién empezaba a dar vueltas en la obscuridad, su instinto y frugalidad le hacían recorrer los jardines de una hermosa mansión, su curiosidad le hizo escuchar a ranas entre piedras y matas de hierbas, escuchaba el ronroneo de un gato al dormir, las hormigas roncar, a lo lejos los perros ladrar.

Su madre le había suplicado que no se alejara, que tuviera cuidado con otros animales mucho más grande que ella, en caso de que se halle en peligro le enseñó a utilizar su luz. Así la luciernaguita ensayó su luz y muy contenta se dio cuenta que brillaba sin igual, sin más voló muy lejos y tan feliz se sentía que no vio venir un fuerte viento y la ráfaga llevaba agua. De pronto se escuchó un ¡Tras! de relámpago, se dio cuenta que eran truenos y comenzó a volar pero el agua caía a torrentes y en la noche sin luna la tenue lucecita difícilmente se la podía percibir, recibiendo de las ramas de los árboles azotes que de no mediar su agilidad hubiese dado con su naturaleza de rama en rama pero caía en el pasto.

Temblando de frío, toda empapada de agua buscó albergue y decidió llegar a un hormiguero donde la tranquilidad reinaba, todas tumbadas sin inquietarse en sus labores dormían profundamente ¡Por ahora basta! Se quedó a dormir. A la mañana siguiente pudo observar a la entrada del hormiguero una hormiga grande que daba la orden para laborar, y dirigiéndose a ella le preguntó que hacía. La reina preguntó ¿Quién es? La hormiga Jefe le indicó una luciérnaga será útil con su luz nadie supo que estaba extraviada, maravillada la reina le ofreció que labore, dando la orden de acicalarla, la vistieron de buenos trajes diciendo que allí se encontraban únicamente insectos trabajadores.

La luciernaguita quedó desolada, no podía escapar la tormenta ya había pasado, el cielo se iluminaba con la salida del sol, más olvidando por donde llegó tuvo que pasar meses y años. Ya mayor su corazón le decía -Busca a tu Madre- coincidencia de la vida empezó una tormenta, la misma que aprovechando el sueño de las hormigas pudo encontrar la salida de tumbo en tumbo recordó los mismos sitios que hace años había recorrido, las ranas, el gato, la mansión y los perros ladrar pasando la tormenta encontró a otra luciernaguita al preguntarle por su madre la guió ante una ancianita, abrazándose mutuamente, esa viejecita se maravilló al reencontrarse sin antes reprenderla, por no haber puesto primero el cuidado de no alejarse, sin embargo aprendieron todas como usar la luz maravillosa que la naturaleza les dio para alumbrar la penumbra y es así que hoy se ve a las luces con armonía para que nadie se pueda perder en las noches sin igual.

Hay que sacar provecho de la oportunidad que te da el tiempo y la vida en que te tocó estar.
Los sabios del mundo
En el confín de la tierra, se reunieron los sabios del mundo:
Todos se maravillaban y jactaban de muchos logros que sin más la humanidad había ejecutado.
Rascacielos, trenes bala, naves que cruzaban los cielos, de planeta a planetas, de galaxia a galaxias, pero un sabio callado, meditabundo no participaba de aquella alegría. Entonces todos se fijaron en él.
Un sabio dijo: "¡Deberías estar feliz, porque ya no hay plagas que dañen las cosechas!" y enumeró el trigo, cebada, algodón, papa......melloco, ...y así sucesivamente. Tanto llegamos a hermetizar que existen granjas de autopolinización. El otro sabio"¡Mira las calles, pavimentadas, aseadas, ya no hay basura!". Otro sabio "¡El mar tiene motos acuáticas, botes de alto calado,........... naves que surcan el

inmenso mar, granjas submarinas y ya no tenemos que pescar!".
Sin inmutarse el sabio que estuvo callado derramó cuatro lágrimas, por el cielo, la tierra, el mar y el aire, la primera por todos los insectos que ya no están y les reprendió "¡Si acaso encontrabais a los gusanos de la papa, el maíz!". "¡No eran plagas!",- cobraban de aquella cosecha el fruto de su trabajo-¿o acaso esperaban como vosotros un mensual, un diario de paga y en las nóminas no tenían ellos por qué estar? - ¿no movían la tierra sin necesidad de tractores y toda máquina hecha para ello y acaso no polinizaban las flores, árboles frutales, y entregaban la miel?-Os pregunto ¿Dónde están el grillo, la luciérnaga, la rana, el sapito, la mosca, el zancudo, la cigarra, la mariquita? " ¡No necesitaban de químicos, ellos cuidaban el balance natural!". Puesto que ya no existen árboles, y sus hermanas menores las hierbas lo que no podíais ver en el interior de la tierra tomadas de raíz lo que no hacéis vosotros ni tomaros de las manos. Sostenían con firmeza la tierra y rompían el pavimento reclamándoos que ese espacio era de ellos, no tenían escrituras, porque la tierra no se vende y las leyes naturales se respetan. Los quitasteis, e inventasteis parques, reservas ecológicas, bonitas cárceles, limitantes. Y el mar como en la tierra petróleo contaminante, plástico, redes, como un cántaro lleno de agua que no se puede beber, vacío de vida, os pregunto ¿A dónde se fueron las aves, la ballena, el pingüino, el oso tanto del ártico como el de la tierra, el tigre, el atún? Dejasteis la tierra como entraña de cloaca, cántaro vacío, desierto, hoy esta lágrima la quinta devorará el fuego, el calentamiento global, lloren conmigo que ya nada se podrá hacer LA CAPA DE OZONO se ha ido ya.
Aún podemos convivir con la naturaleza antes de que sea tarde y la última lágrima que no la devore el fuego, la sequía, el

aniquilamiento de la selva, salvemos a nuestros compañeros los animales, sin categorizarla simplemente como flora y fauna.

MONTUBIO LUCHADOR

Como amante, de zumpa, ancestral hombre
barro valiente y cenizo de savia,
de ceibos, y sus Venus de Valdivia
sol que irradia el camino como lumbre

Derrotero al sol, camino del monte
creado de arena y mar embravecido
hombre por la experiencia encanecido
ruta del Spondylus al poniente

Montubio, luchador, lleno de valor,
de Eloy Alfaro estratega luchador
manabita de corazón, ceibo en flor
sombrero de paja toquilla en sudor
mujeres y hombres llenos de furor
eso es Manabí, montubio con amor.

EL PROGRESO

Luciérnaga luz nocturna que disipaba la melancolía del
anciano, añorada por los infantes. Ya no hay campo, todo es
ciudad. ¿Todo es progreso?........ No quitéis todavía lo poco
que nos queda. Patrimonio de la vida culturas de nuestros
antepasados, dejaron pirámides; como las
Mayas, Egipcias, símbolo de lo que no se debe
hacer. Estériles, vacías, conquistaron el área verde, quedando
como cual lunar en el poniente. No desechéis la sabiduría de
nuestros ancestros. No avasallemos como los romanos. Que
la cultura y el progreso no es el cemento. Es el
ave desplegando sus alas…..pidiendo árboles de libertad.

LA RANA Y LA MARIPOSA

Una ranita se zambullía en una charca, nadaba en varios estilos. Cuando se acercó una bella mariposa de llamativos colores. "¡Toma, bebe de esta agua....bella mariposita!". "¡No!", cómo voy a beber de esa agua "¡Sucia!", si....hay un hermoso río con agua translúcida y transparente... en donde yo sacio mi sed.
El hombre había puesto puertas al río,...l o habían...." ¡Represado!". Ya no fluía.
Cuando de repente se asomó la mariposa pidiéndole a la ranita sin más "¡Cómo voy a morir de sed entre revuelo y revuelo, permitidme dominar mis pretensiones que de sed yo no me muero!"...y así tomó del agua que ella no quiso beber.

EL PIANISTA

Un hombre metía las manos en la tierra, tomaba el azadón, la removía, sembraba en sus entrañas "papas"; toscas, gruesas, partidas, llenas de barro, aun sus uñas, parecían lunas negras. Padre y Madre a la hora del almuerzo recibían la noticia de que su hijo partiría a un concurso de música. La Madre se negó rotundamente, mas su padre metiendo su mano en el bolsillo le puso un dinero y le dijo al oído "ve". Regresó con el trofeo en sus manos. Encontró a su Madre cocinando como de costumbre, _¿y mi Padre?,....La madre le acompañó a ver a su Padre aquel hombre que en su interior descubrió en su hijo el talento, que muchas veces por el temor de verlos alejarse del hogar las madres los sobre protegen, llegando lo encontró en una lápida estaba "En el cementerio", corrió, tomó un Piano, lo llevó ante la tumba de su Padre, le dedicó una melodía que decir de los ángeles era poco, preguntado por los lugareños. Respondió "Sus manos, son mis manos". Él llenaba de melodía con su trabajo a la tierra que siempre al hombre lo envolverá. Hoy Padre tú vives en mis manos, soy fruto de tus manos soy Pianista.

UN SABIO COMO SANSÓN PERO ANCIANO

Tenía los cabellos blancos como la nieve y su rostro lleno de arrugas, llegó a una comarca en donde dos personas se disputaban mantenerla como una, sin embargo para evitar discordia se la dividió en dos capitales: Norte y Sur.
Cada uno tenía un centenar de súbditos, que laboraban para cosechar las uvas y hacer vino.
Delante del que poseía la parte Norte, recorría la calle principal, haciéndose acompañar por un grupo de diez personas armadas con machete, puñal al cinto, haciendo sonar los machetes en la calzada y cinco personas delante proclamando ¡Aquí está el Jefe del Norte!
De igual forma el que poseía la parte Sur, recorría para no quedarse atrás la calle principal, haciéndose acompañar por diez personas armadas con machete, puñal al cinto, haciendo sonar los machetes en la calzada y cinco personas delante proclamando ¡Aquí está el Jefe del Sur!
Aquel sabio les dio a escoger ¡Quien dé de sí mismo lo mejor será el Verdadero Jefe de sí mismo y vencerá sobre la parte en discordia!
El Jefe del Norte llevó uvas, y vino. El sabio tomó como Sansón y arrojó lo más lejos aquello diciendo "No es tuyo nada porque todo ello es de la naturaleza"
Mas el jefe del Sur llegó con su cuerpo despojado de todo, sacándose la capa el anciano lo cubrió y replicó "Este es el verdadero dador, nada tiene y hoy te deja sus tierras alcanzando la sabiduría del cielo ha ganado mucho más"
Caminando juntos desaparecieron en lontananza.
Nada trajimos, nada nos llevaremos, en la renuncia de sí mismo está el conquistarnos a nosotros mismos.

Soraya Gómez

Argentina

Sora Gómez

Biografía:

Claudia Soraya Gómez

Nací en la ciudad de Santa Rosa, Provincia de La Pampa, Argentina, donde resido en la actualidad. Me dedico a la administración privada en un estudio contable. Desde mi adolescencia sentí una gran atracción por la poesía, esa fantástica y maravillosa expresión que nace desde el alma, para morir frugalmente en las letras y revivir ante la lectura de quienes logran apreciarla. Aún ante mi exigua experiencia en la poesía y cierta inclinación personal de mis escritos que se acentúan más a un perfil social que a lo romántico y pasional, es mi intención llegar al común objetivo con el poeta, que a través de sus sentimientos y emociones interactúa con su espíritu y motivación para llegar al objetivo: captar el interés del lector por sus letras.

EL FUEGO DEL AMOR

Tintinear de cascabeles convertido en melodía

para nuestros oídos, es la llave enclaustrándonos

del mundo, de los miedos, de la culpa.

Tú vislumbras el oasis en tu hastiado desierto,

yo encuentro el albedrío en mi desgarrada opresión.

Y así entre tempestades de fuego,

sin escollos, al unísono palpitan

dos almas furtivas sedientas de placer.

Al fin! renace el escenario donde somos

los únicos protagonistas

sobre el blanco manto de nuestra libertad,

se arremeten nuestros labios ávidos de encontrarse

en la espera que eternizó tan mágico ritual.

Se funde la piel, el cuerpo es llanura

donde sin límites exploramos nuestro sentir,

ya somos uno… se agigantan tus sueños

entre agitados suspiros, incesantes…

arden los muros incendiándonos más, y más...

mis manos ansiosas parecen desesperadas

por arrancar tu espíritu y hacerlo mío...solo mío!

mientras la lava de tu volcán se desprende

e incansable busca las aguas que calmen

su voracidad desenfrenada, tu sed es mi sed,

y yo muero tan solo un instante

para llegar a la cúspide, el clímax hacia el paraíso,

el mío, ...el tuyo... el nuestro...es entonces

que trinan las aves en armoniosas melodías,

las rosas nos obsequian manjares perfumados

entre lluvias frescas que serenan el alma.

Tanto anhelamos perpetuar ese instante!

donde el amor es un hecho, mas aún no es tiempo,

porque el tiempo es tiempo... el deseo se fortalece

desencajándose en la triste realidad,

con grilletes que aprisionan dos legítimos juramentos

que aquel día decidimos quebrantar...

Somos esclavos de nuestro enigma secreto,

de nuestra pasión prohibida, de nuestro amor eterno…

Mas angustiosa pena que invade el corazón

al despedirnos… ya debes partir y mañana

sólo entre letras será el reencuentro

para volver a ser inspiración de estrofas nuevas…

solo tú, mi amor! solo yo…hasta la próxima vez…

POR TI

Por ti navegaré mil mares, recogeré una ola

que conservaré en mi barca con cinco caracoles,

sólo para ti...

en ellos guardarás tus lágrimas, tus desilusiones,

tus frustraciones, tus angustias... tus penas.

Por ti cruzaré el Sahara entre tormentas de arena,

así mis ojos no podrán ver

cuando te vayas de mi lado...

Por ti alzaré mis manos al cielo, alcanzaré el arco iris

tras la lluvia, y luego esperaré la noche

extraeré una estrella, la más radiante!

cautelosa te confeccionaré fina orla de vivos colores

que sostendrá en su corteza bello engarce de lucero...

y coronarán tus cabellos cual princesa

de aquellos cuentos, cuando gustosa te leía

hasta dormirte en mi regazo...

mas tu natural belleza opacaría

tal delicada ornamenta...

Por ti caminaré sobre las brasas

con mis pies descalzos,

aunque mi piel se calcine, sin dudarlo siquiera!

en mis brazos te cargaré y así,

tu fragilidad de niña mantendré a salvo...

Quieres ser libre, lo sé,

te lo pide a gritos tu alma adolescente...

no logras entender que aún debo cuidarte!

sangre de mi sangre, tus alas no han crecido

lo suficiente para emprender tu vuelo... sólo entiende,

jamás permitiré que la usurpadora soledad

invada tus pasos hacia tus sueños...

que mi amor de madre se inmortaliza contigo

más allá de la vida, de la muerte...

que por ti, solo por ti! moriría y volvería a nacer...

mi adorada niña

por ti! mi vida daré siempre...

ORQUIDEA NEGRA

Diamante de oscuro brillo,

opacas el sol del rojo atardecer,

no te ocultes más! déjame ver tu alma,

joya preciosa de mis fantasías,

déjame tocar tu suave piel de terciopelo negro

que rinde honor a tu elegancia,

a la simple delicadeza

Dulce hechicera de las cavernas

naces en mitos, gloriosas leyendas,

espeluznantes historias de brujas y espantos...

mas eres preciosa hada de mis sueños de niña

bella e inalcanzable, exótica, misteriosa...

la exacta perfección de la naturaleza misma!

Ángel de alas negras y ojos de demonio,

fortaleza de mi espíritu!

algún día lograré tenerte!

y me aferraré tan fuerte a tu esencia divina

que ya nunca, jamás!

volveré a ser quien fui…

AÚN TE EXTRAÑO

Difusa la luz que emana entre blancas paredes,

las sombras ya ocultan tu fulgor, sé que te apagas

y yo entre mis lágrimas no deseo ver que te alejas,

me apego más a ti, sólo quisiera despedirme

...no puedo, tan sólo mis manos logran,

en el silencio que corta nuestro aire, el tuyo, el mío,

acariciar suavemente tu pálido rostro,

no abres tus ojos pero sé que me sientes.

Se ahogan en mi pecho mil palabras,

mas en mi voz mueren sin nacer siquiera…

pronto será el momento, lo sé…

De repente las agujas de tu reloj se detienen,

palpita más fuerte el dolor que recorre mis venas,

con tu último suspiro un puñal se hunde

tan profundo en mi corazón! y te vas!

quiero ir contigo! te niegas a llevarme…

por que me dejas? así… tan triste… tan sola!

Te veo allí, inmóvil, una extraña paz en tu semblante,

tu cuerpo sereno ya atrás ha dejado

el hartazgo de tanto sufrimiento…

Entonces sucede! Inesperadamente como magia fugaz

emergen desde la nada infinidad de recuerdos

donde mi niñez se cubría de tu amor,

en que ansiosa te esperaba que llegaras cada tarde,

corría a tus brazos, pese al cansancio cotidiano

me regalabas tu sonrisa y un beso en mi frente.

Tu sonrisa quedó plasmada en el muro de mi corazón,

es la obra maestra del pintor en su máximo apogeo,

cuando en su lienzo volcó su bello arte

de invaluable precio…

Tus besos son los tesoros, las piedras preciosas

que celosa guardo una a una

en la cajita mágica de mi infancia perfecta…

Un hilo de aliento brota desde mi sangre,

una fuerza omnipotente! vuelve a brillar tu luz,

renaces entre los riscos de tu ausencia,

entonces sé que estás aquí! donde mi niñez fue tuya,

y tu paternidad añorada me regaló la vida, estás aquí,

en cada nueva flor que nace en primavera,

en el canto del ruiseñor, en los matices del arcoíris,

en la lluvia fresca de verano…estás aquí!

eternamente en mi…divino ángel celestial

de mi total existencia… amado padre mío!!

aún te extraño…

NADA ES IMPOSIBLE

De mil letras de amor tus manos empapadas

estremecen mi existencia toda,

acarician suavemente mi alma antes resentida,

sin verme, sin tocarme siquiera...

Tu voz es la poesía que atraviesa el sol cada mañana,

con ella me iluminas más... y más!

Te rezagas de tu realidad, muere tu culpa,

tus miedos ya no te atormentan,

rompes el silencio de tu soledad y renaces en mí.

Es el tiempo, nuestro tiempo

quien guía los pasos de tanta perserverancia,

nada es imposible, me dices, no lo sé!

sólo sé que en tu simpleza

despiertas con mis pensamientos,

navegas sin rumbo como barco a la deriva

en mi mente empecinada por levar las anclas

y partir hacia tu puerto,

así te espero, así te sueño,

con tu magnética fuerza que atrapó mi corazón

aquel otoño cuando te vi al fin! recuerdas?

el anhelo se apoderó de nuestros labios sedientos

y nuestra sangre hervía cual volcán en erupción

arremetiéndonos en el peligro,

deseándonos en implacable locura!

mas nada pudo contra aquello... absolutamente nada!

entre reglas quebrantadas y mortales desafíos

nos convertimos entonces en ladrones del amor...

un amor que prospera derrumbando obstáculos.

Dulce ángel de bellas letras,

fuego inmortal de mi universo! dame tu luz divina,

calma mis ansias de ti! átame a tu ser

con los eternos lazos de oro...

nada es imposible! me dices...

y ahora sí! ...lo sé

José Romero Muñoz

España

José Romero Muñoz

José Romero Muñoz

Natural de Huelva, 54 años afincado en Valencia desde el 2006. Estudio arte Dramático, Marketing y Publicidad. Empezó con diez años a escribir sus primeros versos Durante más de veinte años trabajó en los medios de comunicación de Huelva, Radio, Prensa y Televisión local en estos como director de Marketing y equipos de venta. Desde que llegó a Valencia hasta el 2012 trabajó como actor en diferentes obras de teatro cine etc dirigió grupos, y dio clases en colegios a niños. La poesía le lleva a encontrarse consigo mismo.. Sus versos hacen una reflexión constante sobre la vida y las injusticias de una sociedad agotada por el individualismo. En el 2009 empezó a reunirse con poetas y escritores en Valencia , pertenece a grupos literarios, y asiste a encuentros nacionales e internacionales de poesía, colabora en revista literaria digital, entre ellas Umbral , algunos de sus poemas están en diferentes antologías. En marzo de 2013 su primer poemario Llantos y Alegrías del Corazón. Agosto de 2014 Palabra Quebrada
http://yoossett.blog.com.es/

VIVIR Y NO MORIR VIVO

A veces la vida te lleva
a tomar tragos amargos
situaciones difíciles,
tropiezos entre piedras
rodeado de espino largos.
Intentas curar las heridas
te levantas rápido
pero son difíciles de curar
por la profundidad metida.
La vida tiene grandes cosas
días soleados
y tardes lluviosas
¡Ay vida!
Que vas marcando el camino
con zonas alegres y hermosas
también tristes que no se olvidan
porque se hacen rocosas.
           Vivir y no morir vivo
levantando la cabeza al sol
sostenida con el pensamiento
y ganas de romper como un explosivo.
Agarro mis deseos
sostengo mis fuerzas latentes
cambio el dolor en coraza
y me hago fuerte en el coliseo.

ATARDECER DE TONO ROJO APAGADO

Tañidos sonidos llegan
delicado sabor a dulce
grato susurro al oído
de amor que se apega.

Nadar con la espuma de la ola
dejando acariciar el balanceo
sentir la libertad de las estrellas
poner tu mirada en las caracolas.

Irrumpe un torbellino ante los pasos
las piedras se quitan y hay luz
atardecer de tono rojo apagado
suspiros que dejan huella en el ocaso.

Suavidad de unas manos blancas
que acarician sin descanso
un amor para la eternidad
sellado con olores de hojiblancas.

Senderos que marcan destino
besos que indican dolores
abrazos henchidos suaves
miradas con texturas de lino.

CONSUMIENDO TUS DÍAS

Me encontré entre palabras
que permanecían inmóvil
ante los sonidos mudos
que llamaban en el abismo.
Nada queda después del día
cuando entre la noche
el silencio me ciega los oídos
y me llama a un nuevo renacer.
Alejado de pensamientos errantes
carcomido por los recuerdos del ayer
que dejaron huellas
y no volvieron a ver amanecer.
Me levanto entre sonidos
que inundan las calles y las golpea,
mientras pasan las horas y minutos,
pero el tiempo es el mismo
y tú sigues consumiendo tus días.
Avatares y vaivenes del destino
que levanta locuras y pasiones
en muchos caminos de hombres
caminantes y peregrinos.
La desidia se abastece de la desgana
y el hombre se pelea consigo mismo
por revelarse a injusticias inmundas
impuestas por acusadores deshonroso.
Se esconden entre trajes y corbatas
y obras de caridad míseras
blasfemando la honestidad de la persona

ENTRE CIPRESES

Al caer la luna plateada
y las estrellas tocan su fin
se levanta un lucero
que alumbra los despertares
de las gente de este país.
Comienza nuevas ilusiones
fantasías de colores y esperanza
de lo mucho que tiene por venir.
Un río deja caer suave su agua
y las flores se dejan llevar
libres son los pensamientos
de un pueblo tranquilo que quiere paz.
Paseando lentamente entre cipreses
podía oír la tristeza del viento
que se movía sin destino escrito
en un mar de ruidos estresantes,
perdidos por la inconsciencia
y el trajín de los indeseados.
Camino y camino marcando mis pasos
se borra mi huella por estos lares
que dieron descanso y reposo
a un tiempo de vida
que en muchas ocasiones
llego a ser muy hermoso.

SEGUNDOS QUE MARCHITAN MI PIEL

Traigo mi piel
aunque tiene jirones,
marcas cicatrizadas
 manos curtidas rayas en la cara.
Dolores en los huesos
pensamientos encastrados
en el devenir constante
de soles y lunas
que cuentan mis días,
aliados con las agujas de reloj
que clavan los segundos
marchitando cada poro de mi piel.

SOMBRAS DE UN AYER

Se me escapan de las manos las palabras
y los recuerdos invaden como una plaga
aquellos dulces momentos o tristes quizás
que me hicieron en una juventud ilusionada.
Se marchó la niñez como el río que se seca
y deja restos de su paso por eso lugares,
sombras de un ayer
risas y llantos de lo que fue..
Un universo enfrascado en ordenarse
una borrasca embravecida del pasado
se mueve cuando te relajas
rompe el descanso que ansioso deseas.
El silencio deja de estar callado
y se agitan los sentimientos apartados.

UN ARCOÍRIS

Sigo buscando tu belleza
sí, esa que me deslumbró
la de besos soñadores
escondida en la mirada.
Quieto se quedó mi ser
parado inmóvil
lleno de sentimientos
sí, muchos.
Una belleza entre cristales
como una arcoíris
sí, inmensamente bella
te he visto.
Sin palabras en mi boca
sin respiración
sin aliento de estar vivo
sí, casi muerto.
Apenas un latido
al verte se ralentiza
sí, apenas un movimiento
mi cuerpo realiza.
Belleza extrema
mis ojos ven en ti
un día cualquiera
si, ese día que te conocí.

Hay cosas que dejan sin aliento
y te emergen en latitudes incontroladas
dejándote el sabor de la angustia
que remueve tu interior

en salpullidos por tu piel,
sintiendo el cansancio
entre los pensamientos
y los latidos del corazón.

LOS VERSOS PROCLAMAN JUSTICIAS

Palabras y pensamientos libres
sin fronteras
¿dónde está tu medida?
que guardan heridas marchitas,
palabras cortadas
versos rotos
poetas asesinados .
La vida sin confinamiento
y la libertad un derecho
el amor un bien común
que se pierde
se diluye
se disipa entre el egoísmo
y a veces muere en el intento.
Los versos proclaman justicias
los poemas marcan pasiones
y los poetas sueñan ilusiones
entre metáforas
que se mueven en olas de colores
y realidades llenas de sufrimientos.

A veces les angustian sus letras
y fragmenta su persona

José Sánchez Hernández

Cuba

José Sánchez Hernández

DATOS DEL AUTOR

Pepe Sánchez (Cumanayagua, Cuba, 1956). Poeta, narrador y ensayista. Miembro de la Unión de Escritores y Artistas de Cuba (UNEAC). Graduado de Ingeniero en Transporte Automotor. Máster en Educación. Profesor Auxiliar de la Facultad de Humanidades de la Universidad "Carlos Rafael Rodríguez" y de la Universidad de Ciencias Pedagógicas "Conrado Benítez García", de Cienfuegos. Miembro de la Sociedad de Escritores de Chile (SECH). Presidente Nacional (Cuba) de la Unión Hispanoamericana de Escritores (UHE). Fundador y Director de la revista cultural Calle B (www.calleb.cult.cu). Ha sido designado Embajador Universal de la Paz por el Círculo Universal de Embajadores de la Paz, Ginebra, Suiza. Forma parte de la directiva, o es miembro, de varias organizaciones de intelectuales o escritores del mundo. Ha publicado *Los dados del viento* (poesía), Ediciones Mecenas, 1991; *Sueños del tiempo* (poesía), Reina del Mar Editores, 1996; *El comedor de relojes* (narrativa), Ediciones Mecenas, 2000; *Paradoja del hombre en su ciudad* (poesía), Editorial La Tinta del Alcatraz, México, 2004; *Alfanjes de luz* (poesía), Ediciones Mecenas, 2004; *Caballos sobre el césped* (poesía), Literalia Editores y Editorial Paraíso Perdido, Guadalajara, México, 2004; Piratas en el alma (Poesía, Editorial Ave Viajera, Bogotá, Colombia, 2010). Ha obtenido diferentes premios y menciones en concursos de narrativa y poesía, nacionales e internacionales. Mención Especial en Poesía en "Traspasando Fronteras". III Certamen Internacional de relato corto, poesía y fotografía. Universidad de Almería, España, 2009. Segundo Lugar en el

Premio Mundial de Literatura "Andrés Bello", versión Poesía 2009, convocado por la Sociedad Venezolana de Arte Internacional, Venezuela, septiembre de 2009. Obtuvo una de las Becas de Creación para escritores, que otorga el Comité Provincial de la Unión de Escritores y Artistas de Cuba (UNEAC), Cienfuegos, 2010. Le fue otorgada la Primera Medalla Internacional a la Paz y la Cultura Presidente Salvador Allende, Fundación Salvador Allende, Santiago de Chile, Chile, febrero, 2011. Le fue otorgada la Moneda XXXV Aniversario de los Órganos del Poder Popular, Asamblea Provincial del Poder Popular, Cienfuegos, Cuba, 27 de octubre de 2011. Jurado del Concurso Nacional de Literatura "Ricardo Miró 2011", sección Poesía, Ciudad de Panamá, Panamá, 23 al 30 de octubre de 2011. Primera Mención de Honor en el género de poesía, II Premio de Poesía Internacional Anual "Un Café con Literatos" Año 2013, 22 de junio, Madrid, España. Su obra ha sido traducida al holandés, italiano, francés, inglés y rumano. Textos suyos aparecen en diversas publicaciones digitales nacionales y extranjeras. Ha participado en Cuba, México, Perú, Ecuador, Chile y Panamá en congresos, festivales, talleres y encuentros nacionales e internacionales de escritores, donde ha realizado, entre otras actividades literarias y culturales, lecturas, talleres, jurados, conferencias y presentaciones de libros. Textos suyos aparecen publicados en antologías, revistas culturales y periódicos de Cuba, Holanda, Argentina, México, Colombia, Italia, Uruguay, Perú, Chile, Rumania, España, Puerto Rico y Panamá.

pepesanchez319@gmail.com

NOCTURNO Y SONETO

El sonoro jardín duerme tranquilo,

hay paz en los senderos del abismo,

nada ha querido irse de sí mismo:

Hoy el verso a la noche pide asilo.

De tan hondo no hay lengua ni audaz filo.

El invierno es del alma: ningún sismo

a despertar se atreve su mutismo;

ya vicio, sol. Alarde del estilo.

Cuando de seducir su voz se trata

nada del terco lecho lo arrebata.

Y no hay mortal intento en que devanes

esa paz angustiosa, mal ganada;

si el jardín al abismo no hundes, nada

podrás, para que al fin el verso ganes.

ENTRE TÚ Y YO

Entre tú y yo hay un silencio ronco
de raíces partidas, valle muerto;
búho que habita solapado y yerto
entre ramajes de misterio bronco.

Entre tú y yo hay vagos muros: Todo
ha sido rebuscado y quebradizo.
La luz se queda como un pasadizo
que no nos vuelve nunca de aquel modo.

Entre tú y yo hay un silencio terco
de miradas punzantes, viejos mitos,
calles de sombras y cambiante cerco.

Entre tú y yo hay horas mustias, gritos
que en las noches espantan si me acerco
al clamor silencioso de tus ritos.

VIGILIA DE LA VOZ

Que aparezcas, mujer, es cuanto pido

al viento maldiciente de tu puerta.

Que aparezcas, mujer, desvanecido

rumor de pasos que la voz despierta.

Qué ayer pudo sangrar así tus ojos,

de anonimato y sal, mitad ajena;

acaricias un cerco de cerrojos

y te delata tanta y tanta pena.

Que anochezcas sin mí, es cuanto niego

a la mudez del sueño que te aguarda.

Hasta el prado amamanta un vano ruego

de animal en acecho. Sin más guarda

que la noche nos dejas, y no hay fuego

en que esta soledad sin tu voz arda.

EZEQUIEL 37: 1-14

a mis padres

a mis hermanos

"¿Vivirán estos huesos...?" La respuesta

le va abriendo las venas al profeta.

¿Quién sabe si los tuyos en la meta

dejaran en blasón martirio y gesta;

si no despertarán la fatal siesta

de la muerte o que solo fugaz treta

serán sus carnes ya podridas, veta

de luz, donde arderá otra vez la fiesta?

¿Cuánto ayer y temblor presente trunca

ese olvido de siempre o quizás nunca?

Pero vas dando lo mejor al magro

sendero que renaces con tus pasos.

Y ya al final Dios ha de ver qué trazos

dejas a la pregunta o al milagro.

UNA FOGATA LENTA

Esta mañana invita a poner tablas
de salvamento en las murientes islas
que del olvido en vano ser aíslas
y sin querer contigo a solas hablas.

Esta mañana pone un sol de amarnos,
una fogata lenta, algún resquicio,
que preferí tus manos al bullicio,
mis fantasmas, cualquier miedo de darnos.

Esta mañana invita a ir de huésped
al desván de los viejos sueños y algo
de mí dejar al viento de su césped.

Mañana de ignorar todos los dueños.
Estoy de buenas hoy. Donde más valgo.
Oh fatal seducción, vivir de sueños.

DEL AZAR Y OTRAS MUERTES

Un marzo en la tristeza de las cosas,
lluvias para evocar desvanecidos
portones, vagas calles, sueños idos,
memorias en el tiempo ya brumosas.

La valentía de no haber con prosas
comerciado. Caronte y los uncidos
potros de Aquiles, vientos de perdidos
reclamos que al azar ciego destrozas.

Viejos anuncios, golpes de la suerte,
silencios como muros y de espantos,
que salen de contrarios a perderte;

y tú solo, a mitad, sin saber cuántos:
Todo esto y más puede venir de muerte
en este día tan igual a tantos.

APRENDIZ DE JUGADOR

Algunos hombres hacen de la suerte

un arte. Yo he tenido que patearle

el trasero. Con estas manos darle

vida a un pozo de sangre y diaria muerte.

Algunos hombres llevan varias voces

en su equipaje por si cambia el cielo

de color. Yo aposté todo el desvelo

a un solo adiós de sueño y sed atroces.

Algunos hombres miran cómo el viejo

Tahúr parte las cartas, temerosos

del odio que marcaron ellos mismos.

Yo me bebo la vida con su añejo

golpear en mi puerta, sus acosos.

Aunque aprendiz, apuesto en sus abismos.

NO SER ULISES

Ay amor, cómo ser para este día
que eres el latifundio de mis manos.
Hoy que esperas de mí un sol de humanos
parto la desnudez en lejanía.

Ay amor, que me cercan la osadía;
y muero de no ser Ulises. Vanos
puertos que anclar quisieron mis arcanos,
hoy son apenas esa sombra fría.

Ay amor, cómo andar tu voz con manos
de ángel del alba, labrador sin freno
de tu piel, si navego un mar ajeno.

Ay amor, cómo hacernos de este día
la desnudez de un viaje a lo divino.
Cómo no ser un triste peregrino.

Gladys Viviana Landaburo

Argentina

Gladys Viviana Landaburo

Soy escritora, poeta y editora fundadora de sellos:"Del alma editores" y de " Eco Editorial Argentina".

Hace años que participo compartiendo mis letras en foros internacionales de literatura (vía internet) :MUNDOPOESIA, SOY POETA, SOY POESÍA, entre otros (junto a poetas de todas partes del mundo) .
El 1º de mayo de 2012, nació en www.facebook. com, el foro "VERSOS COMPARTIDOS", creado por la poeta uruguaya Sandra Blanco, y tuve el privilegio, de ser convocada junto a la poeta puertoriqueña "Glendalis Lugo ", para compartir la administración de dicho foro. Desde esta página, he participado en la coordinación de la antología poética: " VERSOS COMPARTIDOS VEINTE POETAS UNA PASIÓN" (integrada por autores hispanoamericanos), presentada el 9 de mayo de 2013, en la Sala Mario Benedetti de A.G.A.D.U (Asociación General de Autores del Uruguay), también fue presentada en en el país hermano de Chile y otros

Durante año 2012 y parte de 2013, he colaborado en la radio on line: www.almaenradio.com, haciendo la producción del programa de poemas "SUSURROS DEL ALMA",(junto a poetas de habla hispana de todas partes del mundo),el cual es realizado y conducido por Sergio Sánchez, desde la ciudad de La Plata Buenos Aires Argentina.

En junio de 2012 creamos en facebook el grupo SUSURROS DEL ALMA: para compartir nuestra obra junto a poetas de habla hispana de todas partes del mundo.

En febrero de 2013, participé en:

XIV Certamen Internacional

POESÍA Y CUENTO 2013 Auspiciado por SADE (SOCIEDAD ARGENTINA DE ESCRITORES), quedando como finalista y siendo seleccionada para integrar la ANTOLOGÍA: LETRAS VIVAS 2013.

Mi obra ha sido leída en radios de Argentina, desde Radio Nacional y otras AM, FM, RADIOS ON LINE DE POESÍA, como así también de otras partes del mundo.

-En 2013, fue publicado mi 1° libro "Desde mi esencia", prologado por el escritor José Lorenzo Medina, y llevando en la contraportada, generosas palabras del honorable Embajador Dr Ricardo Meneses Pilonieta.

Otras antologías literarias editadas:

- Alma y Corazón en Letras 2013
-En El Sendero De Las Letras 2013
- El Eco de las Musas 2014,
-Las Cortesanas de la Poesía: Entre la cocina los libros y la alcoba 2014.

-Soy permanentemente invitada a participar en encuentros internacionales de poetas, como así también a festivales realizados desde el Comité Internacional de Poesía u otros.

Durante parte de 2014

-En enero de 2014, he sido invitada para participar como expositora -dentro de los eventos culturales realizados por Secretaría de Cultura, durante los días del Festival Nacional de Folklore-, en el espacio literario "Diálogo con Poetas", en la Escuela Superior de Arte Emilio Caraffa

-Realicé la producción y conducción del programa de radio El Eco de las Musas, que se emitía por Radio Portal de Punilla FM 103.5 y también on line:www.portaldepunilla.com.ar

Soy también administradora de los grupos poéticos de Facebook: "En el Sendero de las letras", "El Eco de las Musas".

-Actualmente estoy terminando la edición de mi libro "Huellas", avanzando en 1° novela, coordinando la antología literaria: Sueños & Secretos:Cuento & Poesía

LOS DÍAS DE MARTA

Transcurrían los días unos tras otros, y Marta junto con ellos, en su casa, sin más emociones que las que le proporcionaban su pequeño hijo: Damián _ con sus logros de escolaridad_, y la llegada de su esposo _un viajante de comercio_, con las anécdotas que traía de cada viaje. Eran una familia feliz, si se entiende por ello, que vivían sin apuros económicos, pues el joven Sr Barner _esposo de Marta_, era muy hábil en el comercio, y ganaba jugosas comisiones extras debido a ello, aunque poco a poco, la rutina, sumergió a Marta, en tremendo hastío, y aburrida en medio de cierta soledad, decidió que debía hacer algo para romper la rutina , pero qué podría ser _pensaba_, hasta que su mente, le dijo que la forma más fácil, podría ser, el interactuar el redes sociales a través de Internet, ya que ahí, no hay tiempo para llegar ni para regresar, en solo un clic, tendría muchísimas opciones para pasar un rato de fantasía, sin involucrarse ni poner en riesgo su matrimonio, y así lo hizo, y muy pronto, comenzó a vivir un romance ideal, había conocido al gran amor de su vida _pero eso era algo real-pensaba, también se decía:-esto no está ocurriendo, solo es un recreo de la rutina, y a nadie perjudico soñando con ser un poco más feliz_. Pronto, empezó a ver su realidad, como la enemiga de esos momentos perfectos junto a Juan _su amor virtual_, el que le proporcionaba un amor perfecto y sin límites, era un hombre que se decía dispuesto a todo por Marta, la que creía soltera y sin hijos -ella había mentido también a su amante virtual_. Entonces , ¿qué tenía Marta entre sus manos?, tenía una familia a la que engañaba, tenía un amante virtual, al que mentía, y tenía una confusión tremenda, al que se le agregaba mucho miedo de ser descubierta por todos..., y quedarse sin nada de nada.

Pasaron los días, y desterró todos los ingredientes, que la alejaban de su amante virtual y de su esposo, y empezó a disfrutar con naturalidad, de todo lo que creía, la vida le regalaba, pues se sentía una mujer codiciada, y atendida por dos hombres, que la hacían sentir viva, _empezaba a sentir, que era perfecto para ella así_.

El tiempo _ese que acerca o aleja_, hizo de las suyas, y los amantes virtuales, disfrutaban de cada día más horas relacionados, y Juan _el amante virtual de Marta_, decidió que ya era hora, de ir, por la que creía su mujer, para verse frente a frente, y tratar de hacer realidad ese amor que lo desbordaba, y que creía correspondido. Sin dilatar más, obtuvo el domicilio de Marta -el que ella nunca le había dado_, y se presentó en su domicilio lleno de expectativas y decido a compartirlo todo, pero al abrirse la puerta del domicilio, una mujer muy nerviosa y distante _Marta de Barne_, saludó como una absoluta desconocida, mientras un vehículo estacionaba en la puerta de la vivienda, y la mujer murmuraba: -es mi esposo, le ruego desaparezca de aquí, que sino, arruinará mi matrimonio..., era solo fantasía...

LA CABAÑA EN CONDOMINIO

Aquella fría mañana , parecía una más _de aquel crudísimo invierno_, y en la pequeña cabaña de los hermanos Cáceres, nada presagiaba, que algo cambiaría en sus vidas. Siguiendo cierta rutina, Alberto y Federico, preparaban su equipo de pesca, para llegarse hasta la laguna circundante, en busca de pejerreyes y tarariras. Sacaron el viejo gasolero, y emprendieron viaje en dirección hacia la laguna. Una vez en el lugar, tomaron un bote, para introducirse dentro de la laguna, y el placer, no tardaría en sentirse, y los celos, tampoco. Fue Alberto quien planteó un concurso, en el que quien perdiera, también perdería sus derechos sobre la cabaña y el gasolero de ambos..., Federico al principio no quería, pero..., Alberto lo increpó, tratándolo de cobarde, a lo que ..., fue entonces que pese a no agradarle la idea, aceptó _ y la suerte parecía estar echada para Federico, que no dejaba de sacar peces enormes, y Alberto, nada_ Las agujas del reloj, ya habían visto pasar dos tercios de doce horas, y empezaban a escuchar las palabras de Federico, queriendo volver a su cabaña, y a su vez , palabras de Alberto, que decían: _ espera... quedémosnos un rato más_, acordaron entonces, tres horas más, y quien ganara, sería el dueño de todo..., pero el tiempo pasó, y la suerte de Alberto, resultaría irreversible. Ya de madrugada, viendo cómo amanecía, _ muy cansados por el desvelo_ Federico expresó claramente, que era el dueño de todo, y que por ser su hermano, y saber que no tenía adonde ir, le permitiría permanecer en la cabaña, pero este, debería pagarle con trabajo, el valor que había apostado.

Entonces Alberto se irritó muchísimo, por lo que veía como una conducta egoísta de parte de su hermano, _ así que aceptó, esperando que Federico con los días, se olvidara de este tema, y todo volviera a ser como antes de ir de pesca_. Los días pasaban, y Alberto se hartó y dejó de hacer el trabajo pactado, fue entonces, que Federico disgustado, le dijo que sino cumplía, _dado que lo que tenían, era un pacto de honor, y en ningún lado constaba_ no podía echarlo, pero sí, podía vender su mitad de la cabaña e irse. Ante la burla de Alberto, lo hizo, vendió su mitad a un matrimonio con cuatro hijos adolescentes _ la familia Pérez_ quienes se mudarían a vivir junto a Alberto. Al llegar los nuevos condóminos, Alberto siguió ocupando su dormitorio, y los Pérez, cuatro de sus integrantes, ocuparon la habitación restante, y los dos restantes, se amontonaron en la sala. Empezaron unos días espantosos para Alberto, que no sólo se sentía invadido por absolutos extraños, sino que esa gente, era extraordinariamente sucia y desordenada. A tal grado era desagradable para Alberto, el convivir con estos, que se pasaba limpiando y ordenando lo que estaba a su paso, por vergüenza , de ser visitado por algún conocido, y quedar mal expuesto_ en medio de esa realidad, añoraba aquellos tiempos de bonanza junto a su hermano Federico _ de quien nada sabía ahora, y con tanta necedad lo había tratado_, y cuánto deseaba poder tener él, la suerte de encontrar a quien vender su parte de la cabaña.

LAS FLORES DE JOAQUINA

Era una mañana de Septiembre con un sol radiante, su temperatura rozaba los 19° _ por cierto muy agradable_ y Joaquina se dispuso a ir caminando hacia la pradera, en busca de hierbas aromáticas _que acostumbraba a secar y luego comercializar en almacenes de ramos generales que estaban ubicados en derredor_, una vez en medio de la pradera, comenzó a cortar las hierbas que reconocía: orégano, perejil, cilantro..., cuando de pronto vio a unos metros _en un lugar, en donde siempre crecían hierbas_, que se había formado un jardín: había en este, unas flores pequeñas, color violeta brillante en distintos matices, y con un aroma a frutas maceradas. A pesar de su sorpresa, y de no encontrar explicación, al cómo aparecieron estas ahí, cortó de estas, las introdujo en una bolsa, _ Y viendo que ya era bastante pesado lo que debería llevar consigo en su regreso a su casa _, cerró las bolsas, y emprendió su recorrido. Una vez en su hogar, volcó su extraña cosecha sobre la mesa, y comenzó a preparar las hierbas para secarlas al sol, y a las flores las pondría en jarrones, decorando su cocina, pero... al mirar sus manos, advirtió que estaban sufriendo una metamorfosis: lucían increíblemente suaves y rejuvenecidas, _ Joaquina, conocía perfectamente el resto de las hierbas que había recogido, lo único desconocido, eran las pequeñas y aromáticas florecillas_, pensó entonces, que alguna explicación lógica debería haber para este maravilloso fenómeno. Decidió ir nuevamente hacia la pradera, _pero esta vez, provista de herramientas para hacer un pozo en donde estas nacían_ Una vez ahí, comenzó a cavar, y al instante su sorpresa fue mayor aún, al ver que entre las florecillas brotaba un líquido acuoso, y que su vieja pala, lucía resplandeciente _ iba perdiendo el herrumbre_. En ese entonces _Joaquina_ tomó conciencia, del poder que tenía entre sus manos, sin querer había descubierto un elixir, capaz de restaurar todo lo que entrara en contacto con este.

El paso siguiente que Joaquina daría, sería el ir hacia la pradera, y para apropiarse del predio, _ montaría una pequeña y precaria vivienda, en la pradera_ y una vez allí, cercar todo el jardín de florecillas aromáticas. Luego, se pondría en contacto con representantes de un importante laboratorio, para que se ocupen de analizar el elixir, envasarlo, y comercializarlo para todo el mundo…, pero, cuando regresó a la pradera, en donde crecían las hierbas aromáticas, sólo había cizaña, y donde moraban las florecillas aromáticas, ya nada había, y del elixir, ni rastro quedaba. Ahí con profunda desazón, prontamente comprendió _Joaquina_, que hay cosas que son inexplicables, y que lo que fácilmente aparece, también así de rápido, se puede esfumar.

Julie Laporte

Puerto Rico

Julie Laporte

Guayamesa, nacida un 4 de septiembre en Ponce, Puerto Rico. Desde su niñez tuvo exposición a diversas ramas del arte, lo que la llevó a explorar su pasión por la lectura, la escritura y la música. A lo largo de su vida ha participado en recitales, festivales y obras de teatro. Como escritora ha cultivado la poesía, el cuento y el ensayo. Eterna enamorada de su país, su cultura y sus raíces, participa activamente en múltiples actividades encaminadas a resaltar y preservar el acervo cultural de Puerto Rico. En el 2010 comienza a practicar la fotografía con el fin de capturar y compartir la belleza natural de su isla caribeña. Desde el 1999 comparte sus escritos cibernéticamente, pero en el 2010 inicia desde el portal Wordpress la publicación de su página digital, Ella Milmundos, a través del cual presenta algunos de sus poemas y relatos, con temas que exploran el amor, la soledad, la lucha del espíritu humano y el autodescubrimiento. Es, además, una sanadora espiritual, lo cual explica dentro de su estilo, más bien existencialista, la necesidad de que sus escritos sean siempre un canto a la vida y una exhortación a conectar con lo que ella llama "el alma colectiva", como medio para sanar a otros y sanarse a sí misma.

DESALIENTO

Hoy estaba en un concesionario esperando por un servicio de automóvil. Me encontraba sentada en un área apartada y, siendo hora de comer, el lugar parecía desierto. Un vendedor -no habiendo reparado en mi presencia- conversaba por teléfono, evidentemente con una mujer. Su tono de voz era íntimo y provocativo... Un tono que invitaba a la admisión de sentimientos y a la confesión de deseos.
Yo intenté buscar la manera de alejarme de allí, pero ya era muy tarde para escapar sin ser vista y, aparte de ese hecho, fuera del edificio la lluvia era torrencial.
Por su parte, al otro lado de la línea la mujer continuaba con su charla, pero yo apenas lograba escuchar las tonalidades e inflexiones de su voz y una que otra palabra de las que decía.
Él sonreía, como quien se saborea con anticipado placer.
Su risa era profunda, grave, rica y cargada de notas sensuales... apasionadas.
Sus comentarios -aunque disfrazados de otra cosa- eran cada vez más íntimos, más cargados del deseo y las ganas que ya no pueden casi contenerse, que están a punto de desbordarse.
¿Yo? ¡No podía evitar escuchar! ¡No tenía adónde ir! Por eso mi corazón también se desbocaba, anticipando un desenlace.
Pero de repente, todo cambió.
La mujer al otro lado del teléfono, aparentemente cometió el error de expresar un sentimiento genuino y él, enfurecido con ella por atreverse a ser sincera, le restregó con toda dureza que ella era simplemente una conocida más entre muchas. Y su tono se transformó. Ya no había intimidad en sus palabras, ni calor humano en el tono de su voz.
El sonido que llegaba a través del teléfono en la voz de la mujer, se convirtió en el desesperado intento por retomar el juego, con el más desolado y desgarrador deseo de jamás haber

osado ofender al tirano, pero ya era demasiado tarde para borrar la afrenta...
Él sólo había estado jugando, mientras que ella le permitió a su alma volar, y había -en medio de un impulso loco- apostado su corazón.
Y esa fue una apuesta en la que ella perdió.
¿O no? ¿Acaso fue él quien en verdad perdió?
¡Qué sé yo y qué sabe nadie!
Tal vez ya no importa...
Desearía jamás haber escuchado.
¡El frío se apoderó de mi corazón!

© ® Julie Laporte García
Ella Milmundos

Hugo Lencinas

Argentina

Hugo Lencinas

Como coleccionista de libros antiguos he llegado a entusiasmarme con la historia en general y la investigación. Edité los libros "Rastros de nuestra tierra" y "El oro negro Argentino" referente a la historia del petróleo en Argentina. Por otra parte desde mi adolescencia escribo poesías y siempre afirmo que lo que me llega al alma no me pertenece, sino más bien a Dios y de allí soy un fiel transmisor de esa energía infinita. Participé de antologías de Hispanoamérica como "Versos Compartidos" "Alma y corazón en letras y "El eco de las musas" . Asimismo de una antología de poetas Argentinos " El sendero de las letras" estoy radicado en la ciudad de Catriel Provincia de Río Negro

LECHO DE FUEGO

Cuelga ya,

tu vestido tembloroso

que obedecen a tus tiernas manos,

y apaga la luz mayor

que demasiado,

nos iluminamos con nuestro calor.

Soy el viajero de tu cuerpo

buscando tu pasión,

acaricio tu rostro

tu hermoso rostro,

mientras tus manos en mi cintura

me dan la señal…

de nuestro amor.

Desprendo

los hermanados abrigos

de tus pechos,

y como niño goloso

besándote tiernamente

encuentro tu portal de jade..

para morir atrapado

de pasión.

Tu suspiro

es como el viento

cuando besa botellas en los patios,

y de pronto:

como si todo el viento

se hubiere tragado la tierra..

diste el último gemido.

Y fue allí,

cuando mi tallo de jade

reventó por los naranjos

dejando plasmado

mi cuerpo sobre el tuyo

para morir

en un lecho de amor...

en un lecho de fuego.

MI SOLEDAD

Nadie,

es capaz

de engañar a la soledad

con las mieles,

de la paz.

Ni construir un palacio

con el barro del dolor,

no...

nadie.

Tu amor

se está erosionando,

como mi rostro

por las lágrimas,

como la esfinge

por los tiempos.

Ya mis letras

son solo

alambres resquebrados,

cadenas ensangrentadas,

de un esclavo... que ha huido.

Mis verbos,

gritan por dentro

ellos..

no pueden escapar

porque están en mi alma

acompañando mi tristeza,

mi gran tristeza.

Por los siglos de cobre

viaja mi risa,

si la ven..

déjenla huir,

ella es libre

¡¡Ay

corazón mío!!...

te me fuiste por tinieblas

añorando catedrales.

Soy hijo,

de la sangre del amor

y también,

de la sangre del degüello

claro...

por mi patria.

Debo regresar

remover los pantanos,

extraer los perfumes

los sueños,

los libros

y los besos,

soy olvido

soy eso,

nada.

Una etcétera perdida

de un loco poeta.

La soledad duele

pero también es un sitio,

Si ya no me amas

no ofrezcas en venta

mi soledad...

en una de esas

la regalo.

AMO TU SILENCIO

Desde tu beso erosionado

hasta mi tristeza

en las noches,

amo tu silencio.

Sé palpitar,

entre añejos aromas

de azufre y lino...

tu piel.

Amo tus verbos heridos

tus ojos perdidos,

y la cita que no fue.

Amo aquel café frío

la melodía de tus labios,

aquella tristeza

tuya,

que alguna vez

fue para mí.

Amo tu silencio

en el mío,

amo los alambrados

del campo,

renglones intangibles

donde mi mente

evoca tu nombre.

Amo el vesperal mañanero,

cuando rezo por ti

y la pérdida del sol

en la tierra,

cuando tu sombra

la cubría.

Y todo florece diferente,

amo tu silencio

no tu ausencia,

agraz pájaro herido

en sosiego..

sin nido.

Y en tu libro preferido

encuentro entre dos hojas

una flor dormida,

de aquel rosal

que como yo...

ama tu silencio.

DESPUÉS DE MI PENA

Después de mi pena

bañada con el vino de mi sangre

vestida de sacramentos,

invitándome

a una vil ..

extremaunción,

suelo llegar en las tardes

aturdido del silencio

con mi alma encapuchada

para no ser reconocido

por el dolor.

Y pregunto llorando:

¡¡MADRE!!

¿qué sabor tendrán las uvas mañana?..

y de pronto:

de mi bolsillo roto,

se me cae un viernes

perdido,

entre mis zapatos

y el grito desordenado:

¡¡brillo… .brillo!!

exclama en la noche

un pedazo de sábado

borracho por las calles.

Así mis ojos,

son luces de tigres en celo

son pirañas hambrientas

de tu río,

te he perdido...

y eres un mandamiento sagrado

desconocido,

que no me deja

ser humano y feliz.

Soy el espacio vacío

de la hojarasca

presa del cemento,

ya no soy ni aire,

como para exhalar una pena.

Soy un impertérrito del amor

que se muere por verte,

que te extraña

que te espera,

como se espera a un hijo de la guerra

que juró por su patria,

pero no por su regreso.

Sí,

si vuelves,

por la misma senda,

te prometo: cortaré los bastardos

y las espinas,

aritméticas del tiempo,

para entregarte

mis mágicos adjetivos del amor,

encarnados de rosas

pintadas con mi sangre,

si,

después de mi pena....

¡¡después!.-

Marta Susana Liébana Albarenque

Argentina

Marta Susana Liébana Alabarenque

Biografía: Marta Susana Liébana Albarenque. Seudónimo: Anabeil Albarenque. Nació en Tierra Del Fuego (Ushuaia). Desde muy joven, le gustó mucho leer y escribir. Comenzó escribiendo cuentitos y poemas para sus hijos. Luego comenzó a participar en la "Revista Zona Norte". En una página titulada "Rincón literario", la cual sale una vez por mes, en General Pacheco(Tigre) Bs. As. y aún hoy lo sigue haciendo. Al perder a su esposo, hace ocho años, fue cuando más se refugió en las letras y va escribiendo cosas de la vida. Hoy tiene sesenta y nueve años, tres hijos, siete nietos. Se fue adaptando a la tecnología de este mundo virtual que hoy tenemos, y es su entretenimiento preferido. Ganó varios premios en concursos de poesías, en distintas bibliotecas. También menciones especiales. Participó en dos Antologías poética. "El sendero de las letras" Autores de Argentina.(Del alma editores). "El eco de las Musas" Autores de Hispanoamérica. (Del alma editores). Y va por más, hasta llegar a su propio libro.

Desilusión

La joven, ¡tan bella! llorando, corrió desde la Iglesia sin parar, hasta un desolado lugar lleno de nieve y escarcha y quedó acurrucada por el frío, tan ligera de ropas, como estaba vestida, con su traje de novia muy hermoso.

Ese hombre, que ella creía conocer tanto y que amaba con todo su ser, no llegó nunca al Altar. Pasaban los minutos, las horas y no se presentó.

Lloraba sin consuelo, sus lágrimas caían heladas, sobre su hermoso rostro maquillado, dejando sus huellas visibles.

¿Y ahora qué haría ella? No podría creer más en nadie...con tamaña desilusión.

Por fortuna, la vinieron a rescatar de ese helado paraje y cubriéndola con una gruesa manta, la llevaron hasta su casa.

Así es la vida, a veces las cosas pasan por algo. Y quién sabe qué le depara el destino, más adelante a esta hermosa criatura.

Este hermoso sentimiento

El amor es...

un ingrediente sutil

de nuestra conciencia.

Es capaz de mostrar

el sentido profundo,

de la existencia.

El amor es la única,

"Droga" legal y completa.

Algunos buscan...equivocados,

felicidad en el alcohol y

en otras peligrosas drogas.

Sentir... lo que produce el amor.

El amor es... el sentimiento

más necesario y bello de la vida.

A las leyes no está sometido.

Hay personas que lo ignoran,

solo buscan lo que no tiene sentido.

Para obtener amor...

lo primero que debemos saber,

 es que el amor es un espíritu

  vivo y real.

que al entrar en nosotros.

¡Nos trae todo, nos da felicidad!

No tengo consuelo

¡Amor cómo te extraño!

¿Por qué hoy no sos nada.?

No alcanza tu recuerdo.

Las noches son muy largas.

_____

Y así pasan los días,

Los ratos… .las semanas.

Doliente mi alma herida.

Caprichosa te extraña.

―――――

Sedienta de tus besos,

que nunca más tendré.

Ausencia de palabras,

 que ya no escucharé.

―――――

Y lloro...y no puedo,

vivir sin tu presencia.

 Cuando llega la noche,

se nota más tu ausencia.

―――――

Como vos no sos nada...

 tampoco lo soy yo.

Aunque lleno un espacio

como una sombra soy.

―――――

¿Por qué no estás conmigo?

Fuiste mi único amor.

Ya no quiero estar sola.

Me quiero ir con vos.

———————

Muy sola

¡Cuánto tiempo...

que nadie roza mi boca

con un suave beso,

que me haga sentir viva!

Solo en mis sueños,

siento que me besan

y que soy joven...

Que esto está pasando.

Pero... despierto

y es todo un engaño.

Es que mi ser,

necesita cariño.

La soledad no es

buena compañera

Necesito que alguien,

me bese.

Necesito que alguien,

me quiera.

En los sueños,

conseguimos todo.

Un cálido amor,

para nosotros...

Pero la realidad

¡Es otra cosa!

Estamos encerrados,

dentro nuestro.

¡Es triste estar solo!

Porque el tiempo,

nos lleva de su mano,

raudamente.

Y no lo recuperamos.

Te seguiré buscando

¿Recuerdas

cuando atrapábamos

lunas...sin querer.?

Yo... descolgaba

alguna que otra estrella.

Tú... reías.

Bordábamos con nubes,

alas para escapar y

robar la brisa.

Así... fuimos egoístas.

Y en vez de escondernos,

en medio de las caricias.

Jugábamos con el fuego

Fuego imaginario que,

¡Sí! ardía dentro nuestro.

¡Algo nos revoloteaba

alrededor!

Creo... que eran ángeles.

Así caminábamos,

sin tropezar en lo oscuro

. Y a veces huíamos

de la oscuridad.

Nos desvestíamos de

los cuerpos.

Quedando dos almas,

en un cielo olvidado.

¿Recuerdas?

¡No! si ya no estás.

¡Cómo vas a recordar!

¡Huuu... Niño! quisiera

que vuelvas.

Te perdí en los espejos...

Espejos de agua.

¿Y tu nombre?

Ya... es tarde para los

Nombres

¡No me acuerdo!

Mis ojos... llenos de lluvia

te buscan.

Y te seguirán buscando.

Buscando en la eternidad.

Alejandra Ruth Matutti

Argentina

Alejandra Ruth Matutti

Me llamo Alejandra Ruth Matutti y quiero relatar un poco como los azares de la vida me trajeron hasta acá. Nací en el año de la serpiente con la virgen como estandarte, en la ciudad más bella del Cono Sur, Córdoba Capital. Soy principalmente ARTISTA con todas las letras, el arte es el motor de mi vida. Primero me dediqué a las artes plásticas y como apasionada lectora de los clásicos, empecé a escribir. Pero sólo cuando la inspiración me roza con la punta del ala, las palabras empiezan a brotar del fondo de mi alma como un torrente de sentimientos, como cuando se rompe el dique de la cotidianeidad y por fin salen libres. Ahora quisiera que estos versos se hagan canciones porque me apasiona la música, pero eso sólo el tiempo lo dirá. Algún observador crítico y sarcástico encontrará a mis versos ingenuos como los de una niña de 15 años. Tal vez tenga razón, porque todavía creo en el amor con esa inocencia y el desamor siempre me duele como el primero. Por suerte la vida no me decepcionó lo suficiente como para no creer en él y seguir esperándolo, para siempre. En la única parte de mí que quiero ser for ever youg. A disfrutar cada día como si fuera el último. Hasta siempre.

EL DESAMOR II

Verdades como puñales

van destazando mi corazón.

El miedo al final de todo

se acerca amenazante.

Como espada de Damocles pende sobre mí.

Los caminos de separan

la vida se divide

no hay plegaria

que le de paz a mi alma.

De mis ojos las lágrimas penden furtivas

el dolor no me deja ver la esperanza

Sólo veo la oscuridad de la separación

al final del túnel.

Llueven en mi cabeza

las palabras de tu odio

no puedo cerrar los oídos de mi ser.

No se acabó todavía

las últimas chispas se extinguen

mi corazón deja de latir.

No puedo seguir creyendo en lo que nunca existió.

No puedo seguir queriéndote,

no puedo creer en el amor.

Basta de mentiras.

Mi dolor no te interesa.

Sólo mi martirio es tu felicidad.

Tu machismo es mi cruz y mi condena.

Tu vida es una red de mentiras

pero yo no voy a ser parte de ella.

Nunca más.

DESTINO

Suerte que te encontré

treinta años de distancia nos separaron

el hilo del destino

nos juntó esta vez

Ojos negros me desvelan

no puedo dejar de pensar

Este amor me quema

consume mi humanidad

Tu cercanía me hace temblar

y mi pulso acelerar.

Mi corazón volvió a vivir

muerto por mucho tiempo

estuvo mi sentir.

No quiero decirlo

la flecha de Eros

te puso en mi camino.

Mi intuición me dice

que estaremos juntos

Nuestro destino está escrito

no para de tejer este hilo.

Tiempo al tiempo

mi juventud se va yendo.

Una vida entera te esperé

¿qué esperas para amarme?

PORNÓGRAFO EMOCIONAL

Los sentimientos a flor de piel

van desgarrando

mi pecho

hasta dejarme expuesto

y con el corazón

en la mano.

Cada latido

es un suplicio

con tus cuchillos.

Palabras de hiel.

Pornógrafo emocional

exponiendo los

sentimientos

pornógrafo emocional.

Saeta de amor

se dispara

y vuela

a la velocidad

de la luz.

Tu oscuridad

es un escudo

no me deja alcanzarte

Cada vez más,

lejos y lejos de mí

me estoy destruyendo.

Pornógrafo emocional

exponiendo los

sentimientos

pornógrafo emocional

Con el corazón

en la mano

mi pecho desgarrado

sentimientos desangrados.

Muerte inminente...

La vía del destino

te puso

en mi camino.

Muerte inminente

muerte inminente,

pornógrafo emocional.

TILQUICHO

Esta historia transcurrió en un pueblo en el límite de Córdoba con San Luis en medio de la nada llamado Tilquicho.

Azucena estaba contemplando la luna llena por la ventana, cuando escuchó el grito aterrorizado de un niño y se sobresaltó. Ella se lo dijo a su madre, y esta, alarmada, llamó a la policía. De inmediato llegó el comisario Estanislao Pérez que custodiaba la zona por una serie de misterioso e inexplicables asesinatos de niños que allí acontecían.

En la casa de la vecina Dominga, su hijo murió mientras dormía, cuando estaba en medio de un sueño agitado, después de ver esa película de terror.

Al amanecer, las calles todavía estaban totalmente desiertas. con las primeras luces del día, la gente salió de sus casas porque el terror había pasado. O eso creían ellos.

Luego, la policía judicial, división homicidios, a cargo del inspector Arsenio Fernández, hicieron las pericias en el lugar del hecho y el forense las autopsias de los niños. Todas las posteriores indagaciones indicaban que los culpables eran los padres. El mayor misterio eran esos dedos marcados en el cuello de los niños... a pesar de los interrogatorios a los vecinos, nadie vio ni supo nada. Ni siquiera las pruebas de ADN dieron ninguna pista, ni las huellas dactilares, ya que eran totalmente desconocidas. No pudieron encontrar a los culpables y las pruebas, muy desconcertantes, no llevaban a ningún lado.

Un año después de esta serie de asesinatos aparentemente culminaron con la muerte del hijo de Dominga quedando sin resolver. La investigación fue cerrada por pruebas insuficientes al igual que las otras...

Sólo un testimonio al que nadie le prestó atención podría haber arrojado luz sobre el hecho, pero nadie escuchó a Segundo, alias "el sombra", un borracho que afirmaba que en las noches que morían los niños veía una luz con forma circular descender sobre las casas y desaparecer rápidamente y dejar en el campo unos extraños círculos quemados...

Ernesto Agustín Medina

Argentina

Ernesto Agustín Medina

Nació en la ciudad de Córdoba Capital, el 15 de junio de 1992. Vivió sus primeros años en el tradicional barrio San Vicente. A los seis años de edad se mudó a Villa Regina, provincia de Río Negro, junto a su familia, ciudad donde vive actualmente.
Estudió en el Centro de Educación Técnica N° 18, recibiendo el título de Técnico Electromecánico.
Actualmente es estudiante de Sociología.
Aficionado de la literatura, escribió sus primeros cuentos y poemas desde muy corta edad.

_ Antología Poética En El Sendero De Las Letras:Autores de Argentina.

_Antología Poética El Eco de las Musas: Solo Poesía

De pie

Dejé mis últimas hojas
mis insípidas cenizas
para la tierra,
su temblor desesperado
su melancólico despojo
su sofocado crujir bajo los
pasos del invierno
Esta es mi espera
El sol abruma,
estrangula mi sombra con ira
Dejé ocultas mis raíces
profundas bajo la hierba
ya danzan mis manos yertas
su lúgubre sinfonía.
Aquí escribo mi crepúsculo,
mis horas finales
fragmentos de mi
para las crónicas del viento
Aquí derrama mi fe
esta es la noche de las bestias
este letargo sin sueños
desprenderá mi dolor
podré dejarme partir,
quizás morir de pie.

Para tus ojos

A Belén Riquelme

Hay algo a cerca de tus ojos;
jirones de tiempo
espacios inhabitados
fronteras irresolutas
sombras danzando su oscuridad
ocasos fundidos en su centro,
justo al borde de tus manos, mariposas salvajes
el recuerdo de la lluvia sobre páginas infinitas
océanos misteriosos acariciando
islas inalcanzables
el calor del fuego
la tenacidad del viento
la determinación del trueno
tu voz detrás del eco de tu boca
la calma,
de un alma inabarcable por mis ojos
la eternidad instantánea de mirarte
tocar tu imagen
  traspasar mi soledad
abrazarte en el aire
respirar a través de vos
despertar de mí...

Soy el que espera

A María Teresa Andruetto.

Soy un grito deshilvanado
una grieta visitada por la luz
Soy aquello que habita la palabra
Soy el caminante sigiloso
sus pasos celestes, el salto hacia la nada
Soy el discípulo de tus ojos
un hilo temblando en tus manos
como un pétalo desnudo sobre el agua
Soy la bitácora de un sueño
un mensajero del viento
un perpetuo viajero del alba
Soy la irremediable espera
un árbol cubierto de lilas
un extraño en un banco de madera.

Cometas

A Hamlet Lima Quintana

Como librarse del ruido
seguir solo el sentido de tus pasos
sabiendo siempre cuando detenerse
ser funámbulo a través los abismos
sentir el vértigo al filo de tus manos
romper tu grito contra las sombras
dejarlo todo, virar lo simple
estar dispuesto a dejar tu huella
¡ver en tu salto algo imprescindible!
Saberte aquí blandiendo cometas
suspendido en la cúspide del mundo
haciendo girar en espiral tus pensamientos
hablándole de vos a los satélites nocturnos.
Saberte aquí buscando tu estrella
la única para tu soledad
quemando con tus manos el silencio de los días
diseminando tu alma sobre un cielo profundo.
Reconociéndote detrás del ruido
desdoblándote en fragmentos sin nombre.
Prometiendo jamás olvidar
que aquí "la luna es un ojo de buey
en el barco de la noche".

Mi otra voz

Se acabaron las estelas y los astros y el estío,
los susurradores se ocultan
bajo un silencio denso como la niebla
y es como si la muerte
les hubiese sellado los labios
Me es imposible cifrar aquello que anida la luz
si solo fuera capaz,
podría volarme los párpados
Se consumió aquella voz que supo abrir esa grieta
era tan dulce la fiebre
dulce el ardor en mis entrañas
como agitaba mi alma
y me arrastraba a aquel naufragio!
fuera de mí, fuera del tiempo
justo al límite de mis fuerzas
lejos del ruido de este mundo;
siendo un destello de luna al filo de la ventana,
una sombra junto al fuego como una ofrenda a la noche,
un suspiro de ventisca sobre los pálidos cerezos,
el fragmento de una estrella surcando la atmósfera celeste
Sin colisión que me ahogue
dueño de una soledad tan poblada de existencias,
principalmente la tuya.

José Lorenzo Medina

Argentina

José Lorenzo Medina

BIOGRAFÍA

Oriundo de Córdoba - Argentina. A los 8 años escribió su primer cuento, después de la muerte temprana de su padre se refugió en la lectura y escritura. Los primeros poemas los escribió a la edad de 15 años. Fue jugador de Ajedrez de 1ra en la UC.A. Durante la dictadura se afilió al Movimiento Nacional Justicialista (Partido Peronista). Fue miembro activo de la Juventud Peronista. Militó en la izquierda del Peronismo durante los años del Menemismo. En el 98 emigró al valle del Río Negro, eligió la ciudad de Villa Regina para establecerse. Allí comenzó su militancia gremial en S.O.E.F.R.yN. (Sindicato obreros empacadores de la fruta de Río Negro y Neuquén) y ya en el 2012 fue nombrado funcionario del gobierno provincial por el Sr. Gobernador de Río Negro Don Alberto Weretilneck. Está cursando el último año de la Tecnicatura de Seguridad e Higiene Industrial en el I.P.A.P.

Durante el 2013 ha participado en los siguientes libros:
-Antología poética Alma y Corazón en letras: Con Derecho a Réplica.
-Desde mi esencia: Poesía (junto a la autora Gladys Viviana Landaburo).
-Antología Poética en El Sendero de las Letras: Autores de Argentina.
-Antología Poética El Eco de las Musas: Sólo Poesía @2014.
_En breve, estará terminada la edición de su libro,
  el cual será una recopilación de obra de su autoría.

BAILANDO CON SU SOMBRA

La mañana era de esas en que la resolana parece envolverte y te agobia el calor y la humedad _como dice algún autor popular: "como resolana bajo la piel". Juan Había estado desayunando en el bar "Círculo Italiano", toda la mañana, leyendo el periódico con un capuchino de por medio y el infaltable cigarrillo negro; esperó toda la semana este encuentro con Susana_ empleada de una firma exportadora de fruta, era el contacto que necesitaba para el negocio que quería realizar con un grupo de amigos César y Carlos_ amigos de la adolescencia cuando compartían los sueños que todos los jóvenes suelen tener y que siempre son más grandes que sus actitudes_ Susana se presentó en el bar tal como había quedado, le explicó los motivos de su tardanza_ su jefe había estado flirteando con ella y tuvo que soportar su acoso porque necesitaba salir del trabajo para encontrarse con Juan_ La noche anterior César había propuesto, que debían conseguir todos los datos de los movimientos de la firma donde trabajaba Susana_ Ella se sentía atraída por Juan y no le costó mucho convencerla de que obtuviera los datos que necesitaban. Después de una corta charla, quedaron en reunirse el fin de semana en una chacra cerca del pueblo. Luego de una serie de llamadas Carlos quien era el más convincente de los tres, propuso una cena para el día sábado y entrar en confianza con ella. Juan le propuso a Susana dicho encuentro que ella aceptó sin dudarlo. Después de aquella noche supieron que la empresa recibía pagos en negro, dinero no declarado de estas operaciones comerciales y César propuso el lugar y el momento en que realizarían el atraco. La idea no convencía mucho a Juan que de cierta forma estaba encariñado con Susana, discutieron durante tres horas sobre los detalles del hecho que pensaban realizar. Susana sería la entregadora_ la idea había estado rondando por su cabeza hace mucho tiempo, estaba cansada de ver pasar cuantiosas sumas de dinero por sus narices y que sus jefes hablaran impunemente de sus logros_por lo que no dudó un instante la propuesta de Juan. César el más retraído, corto de inteligencia, pero de una gran ambición, al momento que entró la idea, de realizar el robo de su vida, saldría de la existencia mediocre en la que estaba inmerso y que según su ego: el "mundo" debía pagar por ello. En estos personajes primaba el deseo y la contradicción, planearon cada movimiento de una manera puntillosa y brutal como lo demostrarán los hechos posteriores. El día del robo Susana preparó el terreno para consumar el hecho. César se presentó de saco y corbata con un maletín simulando ser un nuevo cliente, una vez que estuvo en la oficina, despues que susana les trajo café, César sacó un arma y apuntó al Dr Gonsález en la cabeza, este no se resistió_el pánico bordeo por su cien, su familia, la voz de su esposa, la risa de su hija se hicieron presente como un rayo en esos instantes_César lo tomó por el brazo y lo obligó a arrodillarse, esa sensación de poder sobre la vida de González elevaron su adrenalina y luego de golpear en la cabeza a Gonsález le exigió que abriera la caja fuerte donde estaba el dinero de la operación que habían realizado días atrás y que era dinero fresco, Carlos estaba en un Renault 12_estaba algo nervioso pero la idea de Guita fácil pudo más que su corto genio. Juan que minutos después ingresó a la oficina y maniató a Susana lo hizo con una máscara, a César en cambio no le importó ese detalle. Juan se acerca a César y le increpa por la excesiva violencia con la que había intimidado a Gonsález. Después de unos minutos este hombre que se encontraba aterrorizado accedió a abrir la caja fuerte y luego de unos minutos, grande fue la sorpresa, al no encontrar lo que buscaban, el dinero no estaba allí, César se enfureció con Gosález, lo tomó del cuello y le dijo_ "Hijo de puta" te voy a reventar ¿dónde está la guita?, Juan trató de calmarlo Pero Gonsález solo se reía y entonces César sin mediar palabras disparó el arma y lo mató_ los sesos quedaron esparcidos por toda la pared_es impresionante ver como explota el cráneo por el orificio de salida cuando se dispara, con Urma de grueso calibre a corta distancia_ Juan estaba como petrificado, el pánico recorrió su cuerpo paralizándolo, César fue a buscar a Susana y la trajo de los cabellos arrastrándola por el piso, estaba como poseído, lleno de ira y Juan solo atinó después de reaccionar a increpar a César, que dejara en paz a Susana, quien estaba en un profundo shock_es difícil entender como personas con las que se había compartido momentos de camaradería pudieran reaccionar de esa manera_ Juan trató de detener a César y en el forcejeo se disparó el arma hiriendo a César en el pecho, quien se desplomó al piso_los vecinos alertaron por los disparos a la policía quien tardó en llegar al lugar de los hechos mientras Carlos huía raudamente por la ruta 22. Al llegar al lugar los policías encontraron a Juan sosteniendo con sus brazos a César, su llanto y el dolor por la muerte de su amigo, no pudo hacer otra cosa. Es increíble _decía Juan mientras fumaba un cigarrillo en la celda de la comisaría Quinta de la ciudad de Villa Regina_, teníamos tantos sueños , vivencia juntos, si nos conocíamos desde borregos y mirá cómo terminamos_mientras en la entrada de la celda el guardia escuchaba en una vieja radio: "Bailando con su sombra".

AMOR EN PRIMAVERA

La radiante mañana me recuerda
tu mágica sonrisa en el alma
despertando el amor como un torrente,
arrasando todos mis pesares.
Tus ojos almendrados,
tus suaves mejillas rosadas,
son la puerta a la más bella ternura
que abriga mi corazón solitario.

Tus manos como suaves rosas
brotando en primavera
acarician mi frente marchita
y mis viejos años.
Eres calma en mi tempestad,
suave fulgor en una tarde apacible
mientras la luna nace,
en la noche de mis suspiros.

Llévame lejos amor,
hacia el cenit de tu locura,
del fuego abrazador
de tus muslos candentes
donde toda mi sed se apaga
en el mar de tu ternura.

"TE QUIERO MÍA"

        Te quiero mía en la noche en que llueven las estrellas. T e quiero mía palpitando en el alma, mientras me regalas una canción con tu sonrisa. Cada nota la inspiras desde el corazón y eres la mujer que libera mis sueños. Tu piel como el durazno endulzan mi pasión, mi sentir quiere compartir este fuego que arde en la hoguera del deseo. Tus manos son el suave terciopelo de la ternura que acarician mis heridas, hasta sanar cada rincón, donde el dolor hirió como una daga el alma. Así me salvas de mí mismo, recordándome que la vida tiene el valor de las cosas simples: que jamás las arrancarán el tiempo y la distancia.

"DESPERTAR"

Quiero olvidar que en otros brazos estuve tan enamorado,
Entre las hojas marchitas de este gran amor de otoño:
¡Somos el mar y el fuego en esta pasión sublime!
Y como una plegaria nos llenó de dolor y ansiedad.
¡Viviría el resto de mis días en tus delicados brazos!
¡Nunca me sentí tan pleno en el alma de una mujer!
Lluvia y fuego compenetrándose hasta estremecer la piel
y las montañas y el río impetuoso fueron testigos privilegiados
de este canto a la vida: ¡Que nos hizo despertar de nuevo!

"BUSCO UN CUERPO COMPLACIENTE"

Busco un cuerpo complaciente
que me haga sentir la brisa y el viento
donde reposar mi alma
y escribir los más bellos versos
entre rosas y girasoles.
Compartir un sueño,
plantar mi simiente.
Busco un cuerpo complaciente
donde recostar mi cabeza
y levantar el vuelo juntos
encendiendo el alma
como fuego y chocolate.
Pintar en tu vientre
mil caricias con mis labios.
Busco un cuerpo complaciente
que amarre nuestros sueños
y juntos atravesemos el invierno
o una eterna primavera.
Esperaré como el ruiseñor,
el vuelo de su amada
te cantaré de día y de noche
o como las bellas alondras
remontaré vuelo
sobre las planicies
hacia la libertad.
Busco un cuerpo complaciente
que sea mi altar para adorar
en sus senos la vida

y el profundo deseo
libere mis palomas
hasta el final de nuestra lucha
y descansar en su amor...

"TE AMO"

Voy a amarte en silencio
y la gente jamás sabrá de este amor.
Soñaremos con hijos y nuestro propio hogar.
Nunca la tristeza y el dolor tocarán "Nuestro mundo".
Sobre el lienzo de la vida atravesaremos
cada vicisitud con la fuerza del amor.
Te cuidaré siempre hasta que la muerte nos separe.
Solo allí en nuestros sueños hallaremos paz
por que nuestra condición es frágil
y no existe eternidad en nosotros.
Las hojas secas del otoño será nuestro lecho,
las palabras serán testigo de este inmenso amor
parido en el fin del mundo lleno de soledad
y el trinar esperanzador de los jilgueros,
mientras la tierra abre sus entrañas
para recibir nuestra esencia y el amor
al que honramos con nuestras vidas.

Misael Mendoza

Venezuela

Misael Mendoza

Misael Mendoza

Biografía
Nací en Venezuela el 4 de Mayo de 1991, de seis hermanos, soy último hijo de la familia. Edad 23 años. Resido en Barquisimeto-Lara. Escritor activo desde el año 2005. Fascinado por la lectura y la escritura desde muy pequeño. Romántico poeta enamorado, quien le escribe al amor, al desamor y la vivencias del día a día.

Llovía en esta tarde

Llovía en esta tarde, como siempre ha llovido,
tan lánguido que el cielo él mismo entristeció...
al ver que en esa lluvia hay un poco de olvido,
y al ver que cuando llueve desolado estoy yo.

Llovía en esta tarde, de bancos solitarios,
de plazas y de parques solitarios también.
En tardes como esta a veces necesario
tener la compañía de ese amor que se fue.

Y es triste estar así, bajo la lluvia leve:
somnoliento y pensando lo feliz que ha de ser
esa persona amada, que lejana se encuentra,
que quizás también llora cuando suele llover.

Llovía en esta tarde, esta tarde vacía,
y llovía mi amada para pensar en ti,
para decir acaso que un día fuiste mía,
para sentir acaso el vacío que hay en mí.

Elegía de tu encuentro

No llegas a mi vida, ni te alejas,
ni te vas con el viento, ni regresas,
estática te encuentras en el tiempo.
Eres la mariposa que recuerdo
volar en el sendero de mi vida.

Así se va mi vida, poco a poco,
enigmático encuentro con tu rostro.
Al palpar la figura de tu imagen
mi reflejo augura que te pierdo.

No llegas, ni me dejas, ni te has ido,
esparcida como esporas en el cielo
jugueteas en mi recóndito recuerdo...
casi absorto me difumo por completo.

Sosegado, anonadado... siento paz,
y un suspiro me regresa... a tu encuentro,
sollozando me acomodo en tu mirar
y me alegro al saber que es solo un sueño.

Soñaré

Soñaré con tu ojos, con tu linda sonrisa,
con el mar de tu pelo que lo mueve la brisa.
Soñaré tus lunares y tus ojos nocturnos.
Soñaré con tus besos y tu cuerpo de diosa.

Soñaré aquellas cosas que juntos construimos,
 esos cuentos, esas odas, los poemas benditos.
Soñaré esas sonrisas, los silencios, los gritos, lo
s suspiros dejados en lugares prohibidos.

Soñaré tierna amante que te encuentras conmigo,
que te visto esta noche destilando tus bríos.
Soñaré aquellas cosas que he soñado contigo.
 Ay mi niña, mi todo, mi secreto perdido
soñaré que te quiero como ha nadie he querido.
Soñaré incluso todo lo vivido contigo
los lugares, las playas, los momentos vividos.

Soñaré esos instantes que te vi, a escondidos,
 las locuras, las lluvias, los paseos que dimos.
Ay mi amada, mi amante, mi mujer, mi cariño,
yo no quiero que un día no despierte contigo.
Y si acaso despierto de este sueño furtivo
de seguro mi amada, soñaré que te olvido

Me has de extrañar

Yo sé, me has de extrañar amada mía,
 cuando el primer albor de la mañana
cuele su dulce luz por la ventana
 y te abrase la ausencia en ese día.

Yo sé, me has de extrañar aquellas noches
 cuando retoce el viento en la alameda
 y toda la llanura ya no pueda
 reverdecer en ti por tus reproches.

Tu vida pasará muy lentamente,
recorrerás mil veces los caminos
aquellos tristes, viejos, locos pinos...
como para encontrarme nuevamente.

Y nacerá en tu pecho una alegría
 teñida de tristeza y amargura,
porque tu piel marchita de dulzura
 desdeñará en tu rostro gran hastía.

Más nunca escucharás de mí un te quiero,
más nunca volveré a decir tu nombre,
 me extrañarás al verme en otro hombre
 que curse levemente en el sendero.

Y yo andaré en el viento si me olvidas...

siempre estaré presente en tu recuerdo;
amor, amada mía, has de extrañarme
hasta el último instante de tu vida.

Te he visto con otro

Te he visto con otro, con otro querida,
y vas de su brazo, como antes de mí,
al verte sonriente entristeces mi vida,
yo sé que lo quieres, se refleja en ti.

Te he visto con él, te lleva en sus manos,
 así como yo te solía llevar,
 endulza tus sueños, sueños de verano
y hace que vuelvas nuevamente a soñar.

Te regala rosas, flores cada mes,
te lleva a pasear en noches de estrellas,
 te pone tu mundo de amor al revés
 cuando te ofrece el mar, su arena y su huellas.

Yo te he visto amada feliz a su lado
 cantando poesías, cantando al amor.
Y es triste porque ya me has olvidado
 y yo muero mi vida, muero de dolor.

Te he visto con otro, con otro querida,
y vas de su brazo, como antes de mí,
al verte sonriente entristeces mi vida,
y sé que lo quieres, como antes a mí.

Soneto para siempre

Desde aquí amada mía, desde este mismo instante,
desde mi ventana, desde este atardecer,
desde esta loca tarde de amargura fragante,
desde este cielo inmenso, siempre te he de querer.

Desde esta lejanía que nos separa amante,
amante prodigiosa que me hizo enloquecer
en noches de quimeras con besos delirantes,
desde ese mismo entonces yo te empecé a querer.

Y fue un querer tan puro, tan claro como el agua
que hoy se sigue forjando en tu amor que es mi fragua...
que hoy sigue recorriendo el mismo mar sombrío
como para encontrarte, y decirte en palabras
que no cierres la puerta, que mejor y la abras
a este amor infinito, a tu amor siempre mío.

Soneto de la playa

Las olas van y vienen tristemente,
sus ecos sobre el mar me hacen pensarte;
y sin querer de pronto he de nombrarte,
y he de decir te quiero hasta inconsciente.

Las olas van y vienen nuevamente,
en su loca canción yo he de escucharte,
y dices ven a mí, ya quiero amarte...
y me adentro en tu mar muy lentamente.

Y me adentre en tus aguas locamente...
Y te empece a querer erradamente
 de esa manera que ha nadie quería.

Y quien iba a pensar que por quererte
 yo iba conseguir la triste muerte
al ahogarme en tu amor amada mía.

Las olas van y vienen tristemente,
sus ecos sobre el mar me hacen pensarte;
 y sin querer de pronto he de nombrarte,
 y he de decir te quiero hasta inconsciente.

Me llegó la vejez amada mía

Me llegó la vejez amada mía,
 me llegó, así de pronto al corazón,
y una fugaz y entraña sensación
me hace sentir melancolía.

Quizás porque te extraño o te venero,
 tal vez porque he sentido tu distancia,
o acaso es porque estoy en esta instancia
cuando me siento solo y creo, creo que te quiero.

Me llegó la vejez y estoy sin ti,
en esta soledad que es como un cielo,
y no puedo negar que aun te anhelo
 y que deseo que estés aquí.

Bendito corazón que ha envejecido,
bendito son los años sin tu amor,
ojala cuando muera mi señor
 que ella no sepa lo triste que me ido.

Solamente eso pido, solo eso.
Y si has de enterarte amada mía
espero en ese instante me sonrías
y recuerdes feliz... nuestro primer beso.

Me llegó la vejez, ay que dolido
está mi corazón sin ti mi amada.
En mí, amor, aún vive tu mirada,
porque cariño... yo nunca te olvido.
Me llegó la vejez, me siento triste,

y a la vez muy alegre amada mía
porque sé que te quise en demasía
 y tú me quisiste, tú también me quisiste.

Fabiana Piceda

Argentina

Fabiana Piceda

La señora Fabiana Piceda nació en la ciudad de Santa Fe, aunque vivió casi toda su vida en la ciudad de Las Toscas. Su padre fue Atilio Piceda y su madre es Élida Delssín.
Es Profesora para la Enseñanza Primaria y profesora de Piano, Teoría y Solfeo. Actualmente trabaja como docente en la escuela primaria de la localidad de Florencia, donde reside actualmente, con más de 25 años de antigüedad en la docencia.
Ha logrado premios en foros internacionales de poesía: "Monosílabo" (del cual es jurado y moderadora de Poesía Infantil), "Poetas Universales, "El Rincón del Poeta", "Unipoesía", "Universo Poético", "Rimando" "Mundopoesía" "Poesía pasar el alma" "Sabor Artístico" y además participa en otras páginas literarias.
Ha obtenido una mención honorífica por sus trovas en los III JUEGOS FLORALES del Balneario Camboriú / SC- TROFEO - Rodolpho Abbud.
Obtuvo una "MENCIÓN HONROSA" en el Concurso "20 Poemas para Chile" en setiembre de 2013.
También tiene un blog personal llamado Poetimundo.
Sus poesías son leídas en radios de la región del norte de la provincia de Santa Fe y en varias radios de Internet.
Escribe variados tipos de poemas, poesía clásica y libre, algo de literatura infantil, cuentos, prosas, inclinándose más por la poesía clásica y rimada.
Participó en la Antología "11 autores buscan lector" (Resistencia Chaco) año 2009
"Poemas por Palestina" Antología en beneficio del Pueblo Palestino año 2009 y
"Versos para compartir" de la autora- Febrero de 2009
"Cuadernos TELIRA" poetweets o poesía esloganizada (poemas de 140 caracteres) de Aranda del Duero. 2011
"Tercera antología Amanecer Literario" de Círculo de Castilla y León de Barcelona. 2011

"Las Cortesanas de la Poesía: Entre la cocina, los libros y la alcoba" (Del Alma Editores).

"El Eco de las Musas: Solo Poesía" (Del Alma Editores)

En breve estará terminada la edición de su 2º libro: "Versos en Libertad"

LA AMIGA DE MARIANO

Mariano quería una computadora, como todos los chicos que viven en esta época, plagada de cibers, Internet, celulares y tantas otras maravillas más. Todos los días soñaba con ella. Se veía, haciendo bailar sus dedos sobre el blanco teclado y suspiraba por un monitor de diecisiete pulgadas, donde ver y jugar sus juegos favoritos (algunos bastante violentos, cosa que a sus papás no le agradaban mucho).

-No es algo muy barato, hay que ahorrar mucho para poder adquirirla -decía su mamá.

-Pero mami, como decís eso. Ahora, con la cantidad de cuotas que te dan para pagarla, es muy fácil tener una.

-No, en cuotas no. Voy a pensar en otra forma de pagarla.

Pasó el tiempo y Mariano seguía soñando con el tan ansiado aparato, hasta que un día su mamá le dijo: -Llegó el día, vas a tener tu computadora. Iremos al centro, con tu tío, que sabe un montón de estas cosas y compraremos una.

Y juntos los tres, fueron a comprarla, gracias a la colaboración monetaria de la abuela, que adoraba a su primer nieto.

Llegaron a casa y sacaron de los envoltorios, todos los componentes para armar el artefacto: un monitor enorme, negro y plateado, la CPU con DVD y una flamante impresora multifunción (esa que también tiene escáner).

Contento, como perro con dos colas, Mariano se sentó eufórico ante aquella maravilla, su nueva amiga. Ni lerdo ni adormilado empezó a toquetear las teclas y navegar por internet.

Después de un tiempo, una noche en que llovía a cántaros y que los relámpagos iluminaban la oscuridad, Mariano fue a su habitación y preparó para dormir y entró en un profundo sueño, cansado de jugar en el ordenador. De Pronto se encontró en otro lugar, era un sitio muy extraño.

Nunca antes había visto esos edificios. Su ciudad, pequeña y tranquila, ya no era la misma. Autos volaban por el cielo, pero no como los que él conocía. Parecían burbujas brillantes y de un agujero de la parte trasera salían disparadas espirales que parecían de vapor.

Alguien le gritó: -¡nene, mirá por donde andás! ¡Te va a chocar una capsúpela!

-¿Capsu qué? -dijo Mariano extrañado.

-¿No sabés que es eso? -pronunció un señor bigotudo y barrigón, que andaba en un aparato también extraño. Era como un cohete, pero que flotaba, bajaba, subía, daba vueltas enteras (de trescientos sesenta grados) y no producía ningún ruido, como un ovni.

-Ni idea -expresó el niño. De donde yo vengo no existen esas cosas.

-Pero vos ¿no sos el hijo del comerciante multimillonario de la esquina, el que tiene el supermercado "El atorrante"?

-Bueno, mi papá tiene un mercadito llamado así, pero no es multimillonario. Yo a usted no lo conozco y menos a este vecindario -dijo Mariano.

-Mirá, vení, te voy a mostrar. Me parece que vos tenés amnesia -dijo el hombre.

Y lo llevó hasta la esquina. Allí había un cartel enorme, con el mismo nombre del negocio de su papá, pero más iluminado y con unas letras espectaculares. Y, más grande fue su sorpresa, cuando se abrió la puerta y salía su propio papá, pero con traje y corbata. Llevaba el cabello peinado muy prolijito, un perfume importado que costaba un dineral y ¡zapatos! No lo podía creer, si su papá siempre andaba en ojotas.

Un abrazo, que casi le tritura las costillas, lo hizo sentir más perdido aún.

-¡Hijito querido! Te estuvimos buscando por todos lados. Casi llamamos a la superpoli para que te busque.

Mariano lo miro de arriba abajo y le dijo:

-¿Qué te pasó? ¿Por qué estás vestido así?

-Todos los días me pongo lo mismo. ¿No te acordás?

- No, la verdad que es la primera vez que te veo con esa clase de ropa.

-Vamos a ir al médico para que te revise. Me parece que perdiste la memoria -dijo su papá muy preocupado.

-Bueno -dijo Mariano- resignándose a su suerte. Caminó callado unos metros y vio, más sorprendido todavía, como su papá abría la puerta de una gran limusina blanca, decorada con raros accesorios plateados. Pero no era un automóvil común, como esos que había visto por la tele, sino que tenía una forma más rara aún que el otro vehículo llamado capsúpela. Parecía un huevo alargado con ventanas por todos lados.

Subieron y emprendieron un viaje que duró un suspiro. En el camino, su papá le contó que podía llegar a hacer mil kilómetros por hora con aquella hermosura y que en las últimas vacaciones habían recorrido todo el mundo. El niño, la verdad, no se acordaba de nada.

Aterrizaron justo en frente del sanatorio donde lo iban a revisar y entraron los dos rápidamente. Un médico de bata blanca impecable y unos pequeños anteojos (rarísimos también) les dio la bienvenida con una sonrisa.

-Hola amigos, ¿quién es el enfermo? -les dijo a los dos.

Es mi hijo, su nombre en Mariano y nos se acuerda de nada. Parece que ha sufrido un golpe, porque ha perdido la memoria.

-Bueno, bueno, vamos a realizar unos estudios para ver qué es lo que está ocurriendo.

Entraron a una sala con fantásticos aparatos. El médico lo hizo sentar a Mariano frente a otra máquina extraordinaria y, cuando la puso en funcionamiento unas ondas de colores empezaron a salir de unos pequeños redondeles (que al niño le parecieron como ventiladores). A medida que las ondas entraban en su cabecita, unas cosquillas le recorrieron el cuerpo y se dio cuenta que empezaba a reírse sin parar (estaba tan feliz como cuando era su cumpleaños).

Pero inesperadamente se mareó y vio una sala común de la clínica de su ciudad. A su lado estaban sus padres, muy asustados.

-Ha despertado de un profundo coma-escuchó a su pediatra decir- es una reacción ocasionada por estar tantas horas delante del monitor, por suerte no sufrió daño alguno. De ahora en adelante prescribo menos horas de juegos e internet...

Luz Ramirez

Colombia - USA

Luz Ramirez

Soy Colombiana, radicada en los Estados Unidos desde hace 38 anos. He participado en dos antologías poéticas: Alma y corazón en letras y Las cortesanas de la poesía - Entre la cocina, los libros y la alcoba. Mis poemas han sido leídos en los programas radiales "Revista radio de las artes" y "Letras del Paraná"   He obtenido reconocimientos a mi poesía en Radio satélitevisión/Américavisión. Mantengo asiduo contacto con mis seguidores en las redes sociales. Publico además mi poesía en el Blog "Corazón de tinta"

Mi participación en esta antología me lleva a expresar sentimientos comunes, que nos traen por recorridos humanos. Aquellos que suceden a diario y te hacen caer, triunfar, levantarte y seguir. Aquí plasmo mis objetivos en el vivir: Mirar hacia un horizonte despejado, refugiarnos en un cielo claro, pisar tierra firme. Alcanzar la paz en un mundo que se nos presenta lleno de asperezas y rivalidades. Con estos escritos, te llevo de la mano a recorrer el espacio de mi pensamiento. Te invito a que suspiremos por un momento en la misma pompa de mis sueños

Mi pasión por escribir se transporta a mi niñez. Siempre abracé el sentir y puedo palpar y percibir cada movimiento y sensación que me rodean desde entonces. Mi vida una prosa poética. Mi alma poesía viva. Mi despertar entre liras de ilusión. Abrazo el anochecer con el fulgor de los luceros. Deseo con todo el corazón que disfruten de esta colección poética.

       Luz Ramírez

Nicho entre las montañas

Había pensado mucho en sus abuelos ya viejos y lejos. Ellos habían hecho su nicho entre las cordilleras. Allí los jilgueros mañaneros les alegraban las alboradas y decían ellos,
no había nada mejor que despertar entre la suave brisa de la aurora y el trinar de las aves.
Imaginó en su viaje cuantas historias acumulaban sus almas para cuando su regreso. No les visitaba por más de un año. En su viaje del verano pasado, su corazón se enredo entre la vorágine de una mujer humilde que no conocía de la ciudad, ni sabía de exigencias, sólo vivía para lo simple. Y él,
naturalmente gustaba de su bondad. Tenía entonces, mucho afán de llegar. El tren pasaba por diferentes ciudades. Le fue común el vendedor anunciando las hojaldras, el jugo de maracuyá, las empanadas y algunos juegos para los niños. Le fue
familiar el mismo hombre que había bebido de
más y desconocía en cuál estación bajarse. Le pareció que todas las estaciones estaban vestidas de diferentes nostalgias. Se encontró gente que lloraban al despedirse y otros que se

besaban al encontrarse. Se detuvieron sus ojos en las piernas de una joven mujer que hacía lo imposible por subirse y no perder el tren.

Lo cotidiano de un viaje, pero para él este era de especial significado. Viajar siempre le gustó y era como regresar a sus raíces, tanto entre los prados, tanto entre estas tierras. Divisó entre las montañas el caserío, cada vez más cerca y posible el encuentro. La chimenea soltaba el humo y figuras difusas se congelaban en el aire. Imaginó a la abuela al lado del fogón y su sazón especial. Le latía el corazón. Entretenido en caminar afanosamente hasta alcanzar el portón del caserón no notó la intensidad de esos ojos dulces que lo acariciaban. Sus cabellos más grises, su piel más ajada, pero la misma belleza de su mirada. La abuela feliz de ver a su pequeño, que era ya un hombre. Inmediatamente le abrazó. Del otro lado el abuelo sin moverse, se secaba una lágrima que no pudo esconder. Qué ligero pasaba el tiempo. ¿Cuándo José creció tan rápido? _Se preguntaba_ No podemos dejar pasar la vida, sin que expresemos el sentimiento _se decía_. Sabía que su peregrinar escaseaba y que no le quedaban muchos amaneceres. Decía él _la edad que no perdona_.

Pronto se fundieron los rostros en una misma fogata, la del horno de piedra que expelía sus olores a leños quemados y que cocinaba lo que más le gustaba a su nieto, un sancocho de gallina. ¡Era mágica la abuela! Con maestría se movía de un lado al otro, como en sus mejores tiempos, daba muestras de un vigor inagotable. Los ojos de José se fundieron acariciadores de pronto en los de Amelia que llegaba para saludarle. No cambió nada en ella… Tanto soñarla y añorarla. La protegió de toda contaminación la selva. Estaba más hermosa… o el sentía más amor… No lo supo, pero era un hombre feliz. En la paz de los follajes olía a hierba y era un carnaval de almas entre helechos que así se unían y se amaban.

Visión

Aparición: Febrero 29, 1996

Vi venir a mi hermana Martha con su cuerpo de ángel vistiendo una túnica color marfil, un lazo rodeaba su cintura, como aquellas imágenes en las que se muestra a Jesús en los antiguos tiempos. Entre rosadas y azules nubes caminaba y unos andenes de flores diminutas color albaricoque formaban un camino que parecía flotar entre ellas. Su cara resplandecía como cuando sólo contaba unas diez y seis años. Ella me extendió sus manos y por más que trate de alcanzarlas, no pude. Eran manos celestiales y escaparon, igual que aquel veinte y tres de enero de mil novecientos noventa y seis, cuando viajó por los aires y pidió posada en los cielos. Y yo me quedé por siempre mirando una estrella más que sé que es ella. Danzaba entre las nubes y flores y pude observar la planta de sus pies. Parecían las de un bebe recién nacido. Pulcras, sin huella, todo lo material había sido limado.

Gritó mi nombre "Marina" Yo no podía contestarle. Había perdido mi voz de la emoción. Era ella, mi hermana, que había regresado etérea. Estaba allí tan cerca. Llamé a mi hermana mayor "Alba... Alba" Pero ella me interrumpió y con su dedo índice me accionó... No... No... No... Sólo tú... Nadie más me verá. Mi pecho se agitaba cada segundo. Quería adivinar lo que quería decirme.

De pronto una fuerte ráfaga de viento entra por la ventana de mi cuarto. Siento helado mi cuerpo. Ella cae fuertemente y se coloca al lado izquierdo de mi lecho en que duermo. La sensación de su presencia irradia todo el cuarto. El peso de su cuerpo férreo a mi lado es notorio. Me rodea con sus brazos alrededor de mi cintura, de la misma forma que yo lo hacía cuando dormía con ella en el hospital. Acomoda su cabeza en mi hombro y balbuceando me dice "No sufras más por mí...Yo estoy feliz allí"

Luego siento que mi cuerpo sube y los remolinos de viento me azotan, el frío es mortal. Parece que cordeles en el firmamento me halarán y subo inusitadamente. Estoy suspendida en el vacío. La gravitación me sostiene a pesar del ímpetu de los vórtices. Es algo sobrenatural este momento. Mi hermana intentó llevarme, pero fue una batalla entre la voluntad de Dios y la suya. De pronto mi cuerpo cae estrepitosamente en el lecho. Despierto con la cobija arropando mis pies. Alguien cuidadosamente lo hizo. Tiritaba de frío, nunca me sentí así. La alegría de haber visto a mi hermana otra vez y el regocijo de sus palabras llenas de gozo no me abandonaban. No fue este entonces mi tiempo de dejar lo terrenal. Pero tuve oportunidad de gozar lo celestial por un inmenso momento. Cada vez que lo recuerdo, siento una infinita paz. . ¡Hoy me pasa… que la recuerdo!

ESTA FUE UNA VISIÓN REAL DE MI HERMANA QUE OCURRIÓ TREINTA Y SIETE DÍAS DESPUÉS DE SU MUERTE - CUANDO SE ME PRESENTÓ.

¡Qué afán de llegar!

La puerta giratoria era movida estrepitosamente por los viajeros frenéticos que luchaban por ser los primeros en tomar el tren. Una mujer ataviada con tres bolsos camina sin equilibrio y su mirada está llena de ansiedad. Un niño mira el tablero iluminado con los anuncios de las horas de partidas para los distintos pueblos. El sudor de todos en sus frentes indica que hay desespero e inquietud. El afán de llegar. Sí, todos en algún momento somos halados por la cuerda del pensamiento y esta se ubica en diferentes puntos y objetivos. Aquel que va de prisa, que el tiempo no le alcanza, quiere que le sobren minutos en alguna otra parte. Es como plegar las rutas en diminutas partículas para tener suficientes horas donde el gozo abunda. El padre se sumirá en el cuaderno con tareas de su hijo. El enamorado querrá llegar y encontrar el fuego de los ojos de su amada. Me tomo tiempo en observar sus movimientos. Las miradas fijas, herméticos rostros. Todos queremos que el tiempo se mueva más rápido y después nos quejamos que el mismo no nos alcanza. Pero llega el momento en que queremos expandir los instantes. Una anciana me llama la atención. Es su compostura solaz total. Ella sí que sabe del tiempo. Su rostro está calmado, su mirada reposa en la belleza del lugar. Ella sabe que la vida es para ser gastada y que cuando más vivimos, miramos mejor. ¡Qué afán de llegar a cualquier parte! Total algún día hay que parar.

La medida del amor es desmedida

La medida del amor es desmedida y a veces arrolladora en su ansia de prodigar. Quiere mi alma volar con el impulso del viento. ¡Que sean tan fuertes sus giros que de una borrachera sea expulsada al vacío! En el perentorio tiempo, con su infinita lujuria, sus atados brazos, a veces siendo imposible respirar, intento escapar y ser osada en cualquier empresa y siento de más. De niña elevé cometas, de joven monté bicicletas y ahora mi pararrayos mayor es el sol, pues quiero volar bien alto y columpiarme del cielo. ¡Que sean nubes de acero el asiento en que me mezo! ¡Que sus cordeles de hierro sostengan mi frágil cuerpo!

¡Que todo el mundo dé vueltas, mientras mi alma está alerta y abraza el corazón de un átomo del silencio! Lo diviso ya venir enmelado en almíbar. En su rumbo desbocado unta mi piel de su miel y despierta mi frenesí con alaridos al viento.

Un meteorito

Ella habita en el cuarto 213 desde hace diez meses. Se puede ver desde la ventana las llegadas y salida de los barcos en él Está River. Hoy viaja en el horizonte un tenue ocaso. Sentada en su lecho levanta su cabeza tentada por el paisaje exterior. Una pintura de Monet dice ella para sus adentros. Siempre ha sabido vivir con intensidad los momentos.

Si alguien no la conociese y la observase diría "Pobre mujer" Claro, su apariencia en el lecho de enferma, no da lugar para otra cosa.

Yo que la conozco bien sé, que hay tanta bondad y humildad dentro de ella, que su mente no se ocupa en negatividades y que en cambio anda pensando como olvidar los malos ratos y esculpir con su hueca sonrisa felicidad.

¡Eres un ejemplo de vida mujer! Ni unas sondas alimentando tu estómago... Ni la soledad y el desengaño de familia y amigos, pueden aniquilar tu férreo espíritu. Siempre sabrás mirar la vida por el lado más bello: Un meteorito ha caído del cielo para alumbrar la tierra.

Adriana Estela Sánchez
(Any Sanz)

Argentina

Adriana Estela Sánchez

Adriana Estela Sánchez, (seudónimo Any Sanz) nacida en
Buenos Aires , actualmente vive en Tucumán,
Casada 4 hijos, 1 nieta, estudiante de licenciatura en ciencias de
la comunicación.
Escritora y poeta, con poemas premiados, Primera mención
especial "Recuerdo de mi infancia" y "Siete lunas"…
Asiste a programas radiales, y televisivos.
Fomenta escrituras, en las escuelas, en hospitales, en
geriátricos, en plazas, entre otras.
Forma parte de grupos donde hacen obras de caridad, y
publica en treinta y tres grupos de redes sociales.

Te miro

Besos tus labios con mis ojos,
Mis ojos mi boca silenciosa te nombra,
Mis mariposas te revolotean locas
Quieren posarse en tus manos
Te desean quieren tenerte en esta noche bella
Las estrellas cómplices te esperan
Y la luna nos extraña,
Te encuentro en mis ojos
Donde fecunda el amor...

Siete lunas

Vaciaste la cuna de mi vientre
Feliz por un breve momento me sentí
Luego el dolor, el sufrimiento
La tormenta el llanto.
Mi alma sin consuelo
El bello cielo azul se tornó gris
Triste mi corazón sin ganas de vivir
Te faltaron lunas por crecer
Tu vida fue como las mariposas
Tiene luz un día y mil de oscuridad
Siempre tendrán las rosas rojas de mi corazón...
Perfumando el aire que te faltó.

Tu voz

Tu voz…Tu dulce voz.
Me atrapa, me envuelve.
Tu voz… Tu dulce voz.
Desnuda libera mi alma
Tu voz… Tu dulce voz.
Acaricia lo más íntimo de mis palabras.
Tu voz… Tu dulce voz.
Apasionada me llena.

Mi boca

El dulce camino de tus besos,
Donde te paseas celoso dueño de ellos...
Mi boca el templo donde rezas.
Tus más ardientes deseos.
Mi boca la piel que desnudas con tus besos
Húmedos sedientos,
Mi boca, que te evoca celosa
 Donde te espero,
Donde te quiero.
Mi boca la que te nombra
La que te hace mi amo,
La que te hace mi esclavo...
Mi boca la que te nombra y ahí te quedas...

La muerte...

La dama del alba
Se hizo presente,
Sentiste su mano fría sabías que vendrías
Pero no dijiste nada.
La dama del alba no tiene sentimientos
No tiene corazón...
Solo obedece no sabe del amor.

Recuerdo de mi infancia

Mi niñez de colores entretejidos
En un telar de ilusiones
De verdes campos Amarillos de soles
Anaranjados de atardeceres
Azules de cielos, Violetas de sueños...
Bajo una tala en una represa de aguas cálidas,
Chapuzones y sonrisas de niños,
Siestas calurosas de Santiago.
Largos caminos de tierra
Y casa alejadas...Tardes de tejos y saltos de cuerdas
Formaban arco iris alrededor nuestro
Un campo de mistoles y tunales
Animales sueltos.
Golondrinas viajando a otros cielos.
Bajo la galería de la casa grande
Tomaban mates mis abuelos
Nosotros un rico mate cocido con poleo
Pan calentito que mi abuelo amasaba
En una tala de algarrobo por amor a sus nietos.
Aromas de campos húmedos
De chaparrones burlones, vientos picaros
Se llevaban los sombreros, añoranzas de Santiago
¡Qué tiempos aquellos!

Despertar

Me encanta que rías, verte feliz.
Es un bálsamo a mi alma
Que despierten tus mariposas
 Me encanta
Cuando despiertas y dices que me amas
Con dulce besos de cañas
Que endulzas el café por la mañana
Me encanta
 Peinarte con mi dedo
Acariciar tu rostro y darte un beso
Me encanta
 que tus brazos me protejan
Del invierno y no sienta frío mi cuerpo
Me encanta
Que nos pase todo esto…

Mi musa

Mi musa se hizo tuya
Se liberó de mí
Se cautivó de ti
Quedó preñada
De todo sentir
Húmeda en tu mano
Se ha bañado de placer
Y satisfecha se cubrió con tus besos
Que glorioso las has coronado
Con gemido de libertad
Parirá tus hijos
En bello éxtasis
Nacerán de nuevo en cada amanecer
Pulcro con tus años
Sabrás complacerla
Amarla,
Cuidarla
Hacerla tuya
Una y mil veces más,
Tu musa…

José Luis Rubio

España

José Luis Rubio

CURRÍCULUM DE JOSÉ LUIS RUBIO

José Luis Rubio nació en Cádiz.
Funda la Revista Poética Azahar en 1989 de la que en la actualidad es coordinador y solo se edita digitalmente.
Director y guionista del programa Vientos Flamencos, que emite Radio Juventud de Conil, de lunes a viernes, de 7 a 8 de la noche, desde 1989.
En la actualidad colabora en el programa Todo está en los libros.

Ha publicado en diversas revistas nacionales. También ha colaborado en el periódico Trafalgar y en Granada Costa desde 2005.
Ha publicado en solitario los poemarios: Preso del Color, Migajas ardientes, Burbujas, Recuerdo, Sin nacer, Entre luces y sombras y Presos del Color III,
Conjuntamente con su sobrina el poemario Creciendo entre versos.
Ha participado en las Antologías: Homenaje a Machado, 50 Voces, Homenaje a Juan Ramón Jiménez, 1ª Antología Azahar, Autores docentes de la provincia de Cádiz en torno a la Generación del 27, La Poesía es un arma cargada de Celaya, A Rafael Alberti, Tercera Antología Poética y Primer Encuentro de Poetas de Ahora

Accésit en el VII Concurso de Poesía Nacional del Grupo de Poetas Fina Palma de Horta, de Barcelona en 2003, segundo premio en el V Concurso Internacional de Cartas de Amor categoría prosa, de Miami, en 2004.

En la actualidad es presidente de la Asociación Cultural la Guitarra Poética, de la Asociación de Amigos de los Museos y portavoz del Colectivo de Artistas de Conil.

SOÑANDO

PRIMERA PARTE

Las bombas caían sobre mi ciudad. La gente corría a los refugios pero yo bajo la marquesina de una parada de autobús las veía chocar contra el asfalto, contra las casas. No quería moverme. Deseaba sentir las bombas, oírlas explotar, ver el humo brotar tras el impacto. Sentía placer contemplando la destrucción. Tenía unas ganas enormes de reír, de bailar. Había perdido el miedo de otras noches. No me importaba ser destrozado por alguna bomba. Ahora todo me daba igual. La vida ya no tenía sentido para mí. Las duras palabras de mis hijos rompieron mis esquemas. Me odiaban. Debí hacerlo todo mal. Por eso hoy me refugio bajo una marquesina viendo explotar las bombas.

Las sirenas cesan y la calle vuelve a llenarse de gente que regresa a sus casas. Algunos contemplan los impactos en las casas y moviendo la cabeza marchan a sus domicilios. Yo, que he visto en directo todo el bombardeo, buscaré un bar y me tomaré un par de copas para olvidar aunque no creo que lo consiga. Hay cosas que nunca se olvidan.

SEGUNDA PARTE

Al darme la vuelta me encontré entre altas dunas y bajo un sol implacable. Sudaba y mis labios resecos ansiaban el frescor de unas gotas de agua. Pero allí no había agua, sólo arena, mucha, mucha arena.

Di una vuelta enredador buscando una pista que me indicase un camino a seguir. Pero en la arena no había huellas. Seguía sudando y allí parado el sol me quemaría la piel. Tenía que moverme. Caminando encontraría un oasis, o una caravana. Empecé a caminar sin saber donde me conducirían mis pasos. Sin saber si elegí la dirección correcta. El sol en lo más alto encendía todo mi cuerpo que dejaba escapar el sudor a chorros. La vista se me nublaba y apenas distinguía lo que tenía delante.

Después de una hora de andar a la deriva, ardiendo como una brasa, caí de rodillas sobre la arena. No podía más. Estaba deshidratado. Necesitaba urgentemente agua. Intenté levantarme. Fue inútil. Las fuerzas me abandonaron. Todo terminaba para mí. Ya de mis labios no escaparían más palabras. Mis manos no escribirían más versos. Mis ojos no verían más paisajes. Mis labios no besarían nunca más los tuyos. Mis brazos no abrazarían a mis hijos. Mis oídos no oirían sus quejas, ni sus palabras llenas de amor. Era el fin. Cerré los ojos esperando que mis latidos cesasen.

TERCERA PARTE

De pronto sentí frío. Abrí los ojos y vi frente a mí un río que moría en el mar. Arrastrándome llegué al río y bebí sus aguas con avidez. Una vez saciada la sed me metí en el agua y sentí la vida recorrer de nuevo todo mi cuerpo. Río arriba las truchas daban saltos de alegría. En el mar una barca se movía entre las blancas olas. Había echado el ancla y esperaba que los peces se enredaran en la red. El pescador paciente esperaba sentado. Nadé hasta la barca. Al subir me encontré a mí mismo allí sentado. Yo era el pescador. Estaba ensartando anzuelos esperando que la red se llenase de peces para volver a puerto. Cuando terminé de ensartar anzuelos cogí un libro. Leyendo la espera se haría más llevadera.

A media tarde saqué de la capacha un trozo de pan, queso y una botella de vino de la tierra. Di un largo trago y después comí lentamente el pan y el queso. Llegó el momento de levantar la red. Sólo había en ella tres peces rojos que trataban de escapar, de perderse en las aguas. Los saqué de la red y los devolví al mar. Saltando los tres peces rojos se perdieron en el horizonte. Cogí los remos y me dirigí a la costa.

A medida que me acercaba las blancas casas del pueblo se agrandaron tras la muralla. En la torre del castillo ondeaba la bandera del duque.

CUARTA PARTE

Dejé la barca en la arena y cargado con la capacha vacía atravesé la puerta norte de la muralla. No sabía con que alimentaría aquella noche a mi familia. Un día más y el mismo problema. A veces me sorprendía cuando mi mujer ponía en la mesa un plato de patatas guisadas o un buen caldo caliente. Sabía apañársela maravillosamente. Tuve mucha al encontrarla.

Aún recordaba aquella noche. Entré en la plaza donde se celebraba un baile en honor de la patrona. La vi sentada en un rincón al lado de una señora mayor. Me acerqué y la invité a bailar. No aceptó la invitación. Me quedé sin saber que hacer. Al final me retiré a la barra donde me bebí un par de vasos de vino.

QUINTA PARTE

Cuando salí a la calle el sol, entre nubes, lanzó sus rayos contra mí. De repente unas piedras volaron sobre mi cabeza. Miré atrás y vi a unos niños con tirachinas que me gritaban con odio. Eché a correr por la empinada calle, tratando de perderlos de vista. Di vuelta a la esquina y me oculté en el portal de la primera casa. Les oí llegar. Pasaron de largo maldiciéndome.

No era la primera vez que esto me ocurría. Los niños del campo no éramos nunca bien recibidos en el pueblo. Nunca podíamos descuidarnos o recibíamos pedradas o golpes. Nunca supe cual era la causa de tal odio. Yo nunca busqué pelea ni los insulté. Al contrario siempre fui amable con ellos cuando aparecían por casa a comprar frutas o verduras. Las que cultivaba mi padre eran famosas en toda la provincia.

Alguien bajaba por las escaleras. Hice como que subía. Era una señora hermosa vestida de negro que se cubría la cabeza con un velo. Me preguntó que a quien buscaba. Dije un nombre al azar. Naturalmente no vivía en aquella casa ni en ninguna otra de aquella calle. Agradecí a la señora su interés y salí a la calle. No había rastro de mis perseguidores. Tras de mí apareció la señora. A la luz del sol su belleza era aún más intensa. Sus ojos negros brillaban como brasas encendidas. Seguí el contoneo de su cuerpo hasta que dobló la esquina.

SEXTA PARTE

De repente escuché cascos de caballos. Un grupo de caballeros se dirigían a las murallas porque en el horizonte habían aparecido unas naves enemigas. Empezaron a sonar trompetas y campanas avisando a la población del inminente ataque.

Me dirigí a las murallas. Quería ver la flota enemiga. Eran tres cañoneras. No pude contar los cañones porque desde mi atalaya eran sólo puntos en el horizonte. Nuestras baterías estaban preparadas para disparar en cuanto estuviesen a tiro. Nos defenderíamos con uñas y dientes. No entrarían en la ciudad.

De repente los cañones enemigos enviaron sus primeras andanadas que no alcanzaron las murallas. Aún no estábamos a tiro. Salvo los soldados que ocupábamos las almenas el resto de la población rezaba en la iglesia por la victoria dirigida por el párroco.

Los barcos seguían avanzando. Los artilleros esperaban la orden para mandarles nuestros primeros disparos. No era fácil acertar a un blanco en movimiento y desde tanta distancia. Pero nuestros artilleros eran expertos y darían en el blanco.

Poco a poco las bombas se acercaban a las murallas. Cuando una la rozó nuestros cañones respondieron. Una de las velas saltó en pedazos envuelta en llamas.

SÉPTIMA PARTE

El fuego avanzaba con extenderse por todo el barco. Hubo que hacer una cadena con cubos de agua para detenerlo.

Pero a pesar de todos nuestros esfuerzos el fuego avanzaba. Si alcanzaba el polvorín saltaríamos por los aires.

Un grupo nos dirigimos hacia la santa bárbara y empezamos a arrojar agua sobre ella. El fuego seguía avanzando y no tardaría en llegar al polvorín. La tripulación estaba cada vez más nerviosa viendo que el fuego no se detenía. Algunos sin dudarlo se tiraron al mar porque preferían ser comido por los peces que volar en pedazos.

Seguí luchando contra el fuego. Pero no había solución. El fuego se intensificaba a pesar de nuestro trabajo. La suerte estaba echada. Había que abandonar el barco. Me lancé al agua y nadé hacia el barco más cercano. El frío agarrotaba mis músculos y avanzar me costaba una enormidad. Temí ahogarme pero conseguí exhausto subir a la cubierta donde quedé tendido...

El insistente sonido del despertador me sacó de mi profundo sueño. El presente se hacía realidad. Había que volver al trabajo cotidiano en una ciudad de cielo y aire limpio.

José Luis Rubio

Josefina Stasiuck

Argentina

Josefina Stasiuck

Josefina Stasiuk: Seudónimo(Milagros Vida). Hija de padres inmigrantes. Nació en Florida Provincia de Bs.As. el 29/6/53. Tiene dos hijos y un nieto.Vive actualmente en General Pacheco(Tigre) No despertó su deseo de escribir, sino después de recuperarse de una grave enfermedad. Tuvo el apoyo incondicional de su familia y su amiga íntima Anabeil. Participó en una "Antología Poética" El eco de las Musas. Hace un año encontró en la Web, Portales literarios gratuitos. Donde publica sus poemas. Actualmente participa en programas radiales On line dedicados a la poesía. Uno de ellos es Radio Americavisión y otro Susurros del Alma. Donde obtuvo el segundo lugar en el concurso literario "haz que tu poema sea una canción" . Titulada "Lo que tú me haces sentir" con la voz y música de Sergio Sánchez. Aparece en Youtube como vídeo. Como también la edición de Gladys Landaburo, con su poema "Algún día". Sus temas giran entorno al amor, La soledad, y el erotismo. Sueña con algún día, tener su propio libro.

Siempre escribiré mil palabras y con ellas romperé cadenas de distancias.

Miedo

Cadenas rotas

de momentos amargos.

De todo lo sufrido

Pude librarme de dolores.

Pude librarme de eslabones,

que quedan del pasado.

Pero aún, no pude liberarme

de mi miedo.

 Miedo que paraliza

no saber qué pueda

 ocurrir mañana.

Miedo de no poder

tener tu amor.

Miedo a la entrega

 de los dos.

Miedo de estrecharte.

en mis brazos.

Miedo que no me entiendas.

Miedo por esta lucha

que hay en mi camino.

Miedo de tenerte a ti.

Miedo de volver a sufrir.

Guarda mi alma

Te regalo mi alma
Te la entrego en tus manos.
 Guárdala cerca de la tuya.
 Sin tú saberlo
eres el dueño
 de mis sentimientos.
Eres fuego que
 me enciende.
 Eres tú, quien
 llena de besos
todo mi cuerpo.
Eres tú quien susurra
 mi nombre.
Con tanto amor
en nuestros encuentros.
 Ya no hay vida sin ti,
si no te tengo.
Sos mi locura de amor
 Sos mi pasión
 Sos mi verdad
Sos mi realidad
 Ya no eres un sueño

Mi Tiempo tarda

¡Así me siento hoy!

Perdida y amargada,

detrás de una ventana.

Me embriaga la soledad,

esta soledad ingrata.

Dicen que el tiempo

lo cura todo.

Pero... para lo mío tarda.

Tendré que ser paciente

hasta que el tiempo,

tenga ganas.

Tendré que ponerme fuerte.

Hasta que llegue el mañana.

Y cuando el tiempo me cure.

¡Estrenaré nuevas alas!

Adicta a ti

Quisiera que vuelvas a mí.
En mis noches… sin sueño
te pienso.
¿Sabes? me volví adicta a ti.
¡Te amo! no lo puedo evitar.
Siempre en mí estás.
Nunca pensé, que esto...
dolería tanto. No sé si aún piensas en mí.
Sola aquí,
siento nostalgias de ti.
Me duele tu ausencia.
Hoy solo te pido:
Enséñame a olvidarte.
Enséñale...
a esta aprendiz de poeta,
a no seguir amándote.

Te tengo presente

Pasa el tiempo...
Más te recuerdo.
Estás en mi mente,
te tengo presente.
Mi corazón sigue
enamorado.
Me esfuerzo en...
olvidarte,
no lo consigo.
Pero en mi silencio
es a ti a quien busco.
Y quiero estar contigo.
¿Puede ser que este
sea mi destino?
Te escribiré en versos
mis sentimientos escondidos.
Mis sentimientos reprimidos.
Todo este amor que siento,
todos mis besos dormidos

Amor Prohibido

Donde se une el infinito
entre el cielo y la tierra,
ahí está mi amor por ti
Tú mi amor prohibido.
Amor... cristalino
Amor que siento
en mis entrañas,
como un torrente repentino.
Nos embriagamos de besos.
y con tanta pasión nos amamos.
Tú mi amante querido mío.
Largas siestas de sueños
en tu alcoba.
Y ese perfume de tu cuerpo
cerca del mío.
Me invade,
esta necesidad de respirarte
y besarte muy cerca.
Disfrutemos los momentos
que nos quedan.
Así esperamos otro día

para volver a vernos y
otra vez juntos amarnos
a escondidas.
¡Tú mi hermoso amante!.
¡ Tú mi amor prohibido.!

De a poco

Mi casa está triste.

De a poco...

  todo se derrumba.

  Mis cimientos,

ya están flojos.

Lo que construí

se va de a poco.

Construí un mundo

  de ilusiones.

  Ilusiones que hoy

  mueren.

  Construí caricias

que están perdidas.

  Construí un mundo

de sueños.

Sueños que se esfumaron.

  Construí mil te quieros.

Y ahora todo se ha derrumbado.

Sara Teckel

Venezuela

Sara Teckel

Mi nombre: Sara Teckel.

Mi hogar: Valencia, Venezuela.

Escribo desde la nostalgia, los sueños.

No es que viva en el pasado, mas obtengo una gran cantidad de energía creativa de mis estallidos de memorias

Los sueños. Mi metáfora favorita, porque los inhalo, los entiendo.

A veces, puedo sacarlos a voluntad y en otras ocasiones, me nutro de un olor

particular, un sonido, una escena añeja.

Siento nostalgia por un lugar que ni siquiera sé si existe.

Suelo encontrarme en los sueños, convencida de que el tiempo los hace tangibles.

Viento frío

Al nacer, el primer recuerdo que entendí fue la sensación de abrazo frío del agua. Estaba sumergida en un vasto océano.

Espacio aparentemente infinito de posibilidades y movimientos, las ondas pulsantes a través de Mí como los latidos de un entusiasta recién nacido corazón.

La creciente empujó y tiró de mí en todas direcciones, hasta que abrí los ojos para descubrir que podía manipular mi posición con una flexión de la voluntad.

Mas a medida que me hice más consciente de mi propia voluntad, mi cuerpo entendía que era una extensión de mi mente, Conciencia convertida en capacidad

de respuesta. Pensamientos de acción traducidos a sacudidas; contracciones nerviosas a habilidades motoras, habilidades motoras a reflexión. Aprendí a nadar.

Con el movimiento viene la libertad, y con la libertad viene la elección. La elección lleva al imperativo sugerido de dirección. Cuando se está mirando un mar sinfín,

la selección de una dirección puede parecer desalentadora, pero la corriente se mueve o no se mueve. Incluso flotando, seguí siendo desplazada.

Me tomó mucho tiempo para encontrar el curso. Tenía curiosidad acerca de los que vivían en la superficie del agua. Podía ver sus sombras mientras pasaban por encima.

¡Qué extraña oscuridad! Estuve tan profundamente bajo, pasando inadvertida por los que estuve observando.

¡Qué sensación tan potente! Miedo a lo desconocido, asombrosa convergencia con la emoción sublime de algo nuevo. Me encantó esa sensación, estaba tan consciente

de mi propio pulso, la adrenalina se sonrojó por mis venas, barriendo lo aburrido de mi vida cotidiana.

Cuando emergí para respirar, impulsada por el valor prestado de la curiosidad. Me encontré cara a cara con una extraña sombra. Encantada y simultáneamente disgustada

al conocer que existían otras criaturas similares a mí. Uno de los seres más pequeños en particular, parecía interesarse en mí. Me miró, se quedó mirando como si me reconociera.

Curiosidad, seguido de maravilla, poco después, dolor. Una lanza rozó mi cara antes que la criatura desapareciera en el mar.

Más dolor, seguido por sorpresa, enfocando la ira. Golpee la sombra antes de sumergirse en las profundidades; herido, furioso.

Jugamos el peligroso juego del gato y el ratón. A veces cazador, a veces la presa. Dejamos tantas cicatrices en cada uno, signos permanentes de nuestra devoción.

Pasó el tiempo. El propósito formó la costumbre, seguido por la familiaridad. Hasta que un día encontré una débil silueta flotando en el agua, murió de viejo.

Lloré, Se había convertido en mi todo. Pasé los próximos años nadando en círculo. Me obsesionaban los lugares donde las sombras parecían superficiales manadas,

pero ninguno de ellos tenía mi atención. Nunca encontré otro palpitar que pudiera desafiarme, nada para celebrar, nadie para hacer hervir mis venas.

Cuando partió, el último recuerdo que inhaló sosiego, fue la sensación de un cálido beso en la arena. Yo estaba varada en la orilla de isla estrecha.

La pérdida, se concentró en la tristeza, seguida por el agotamiento. Estoy tan cansada de nadar.

Cenizas al viento

Atada a una estaca en medio de la plaza.

Asediada por la combustión de murmullos que condenan detrás falsas de apariencias.

Rodeada de yesca, con el vientre encendido, los pulmones llenos de humo y

los labios recubiertos de hollín. El secreto de la historia se aferraba al interior de su pecho.

Quería llamarlo a él, pero ya había olvidado su verdadero nombre, el único que hubiese respondido.

Se preguntó: _¿Me hubiesen concedido el indulto? Fue tonto de su parte esperar un sí.

Trató de recordar, ¿cómo terminó obligada a la pira? Pero el oxígeno era escaso

y su memoria se extendió delgada. No lograba definir si era un sacrificio o un mártir.

No sabía si era ella la que había sido incendiada, o si el incendio se había originado

a partir de los cuerpos humeantes dispuestos a sus pies.

Las llamas lamían su cara y su cabello chamuscado, el olor a quemado asaltaba sus fosas nasales.

Pensó _ tal vez el humo era una manifestación física de su propio deseo, una aparición sofocante

de pesar, un monstruo vengativo, nacido de sus propios pecados.

A la espera de la lágrima que nunca cayó, se evaporó la gota de socorro que salió de las sobras.

Se consumió lentamente, sin epifanías o confesión. Sin el conocimiento de motivos,

hechos o delitos. Era tan ingenua como un niño, salvo por un detalle luminoso.

Sabía que había amado. Y eso fue suficiente para soportar el fuego hasta el final.

No hay culpa, nadie pudo aquilatar la razón, su voluntad, sus pensamientos.

Divagando entre llorar o sonreír, se aferró a la paz de aquellos encuentros, recordó el nombre de aquel hombre susurrando al cielo, mientras el viento se llevaba sus cenizas.

Árbol de vida

Saludó de rodillas la inminente salida del sol.

Con la gravedad de la pena, temerosa de su abandono.

Clavando sus dedos en el suelo, penetrando la tierra

en un latido sordo de melancolía, que perfora

el centro vulnerable de su ser.

La presión de la emoción reprimida, agitaba la línea

de falla de sus temores, junto a la fricción de los

errores del pasado.

Induciendo fuertes vibraciones de sentimientos sísmicos.

Reducida a una masa temblorosa de devastación incontrolable.

Comenzó a distanciarse, fracturando los continentes de su psique.

Sepultó los dedos violentamente, como si estuviera agarrando

su integridad. Rompió sus huellas dactilares en las

heridas abiertas, sacrificó su espíritu y con él sus ilusiones.

Allí imploró, abatida por la intensidad de su tristeza.

Pidió fundirse con la tierra, para sentirse realmente

conectada con algo hermoso.

Se sentía cansada de soportar la fealdad intolerable del dolor.

Quizás, porque su necesidad era tan pura y su sufrimiento tan real.

El cielo se apiadó de ella. Fue entonces que las puntas de sus dedos

echaron raíces, tan profundo como las gotas de su fe podían fluir.

Carne y huesos transformados en corteza y ramas.

Sangre y lágrimas en hojas y savia.

Luego de renunciar a su antigua miseria.

Ella fue a su vez, el placer a conocer.

La chica áspera, convertida en árbol plácido y sólido.

Llamó la atención de los viajeros a lo largo de los años.

Ellos se deleitan con su belleza y regia fortaleza.

Ahora, es reconocida y apreciada por el amparo de su sombra,

su canto a la vida, y la producción de los frutos más dulces.

Rosa rosa

Ella habita en la inclinación de la luz del sol y la luna.
En un lugar delicado, colmado de silencios
tejidos sobre sombras.
Habla de sonetos, secretos e ilusiones.
Puede parecer un momento de paz con la brisa,
sinfonía bañada de luz y azul.
Cuando en realidad, no conoce primavera.
Es verdad olvidada, sueños en busca de huellas.
Piensa que sin ficción no hay realidades.
Desconoce el tamaño del cielo y el infierno
pero sabe con certeza que el amor y el dolor, arden.
Ella grita un falsete sin final, se retuerce en la
maleza, observa los fantasmas de la ira y la risa.
Un corazón de metal corroído por el tiempo.
Un reloj que palpita como tortura menguante.
Probó del mayor de los brebajes.
Conoció de maravillas y de abismos.
Recoge cenizas de los sueños.
Mata el viento que pretende rozarle.
Sueña ser más que un sueño.

pero la vida aquilata su intención.

Ella anhela ser remanso, calor de sangre,

temblor de madrugadas, una lágrima, un te amo..

Sólo espera ser caricia de desvelos, guardar

suspiros, motivos que le hicieran sonreír.

Porque aun siendo capullo;

lentamente se marchita.

Invitado Especial

Manuel Salinas

España

Manuel Salinas

CURRICULUM
Manuel Salinas Fernández
DOCTOR POR LA UNIVERSIDAD DE MÁLAGA

CATEDRÁTICO DE LENGUA Y LITERATURA ESPAÑOLAS

1. (Libros, plaquettes y opúsculos DE CREACIÓN).

1."Edelvira", publicado en el libro colectivo "La Poesía más trasparente". Angel Caffarena. Publicaciones de la Librería Anticuaria "EL Guadalhorce". Málaga 1976.

2."Edelvira" (Nuevos Textos) Revista "HORA DE POESÏA", n° 7, pp 7 -21 Barcelona 1980

3. "los Espejos fingidos". Diputación Provincial de Málaga. Col. Pueta del Mar, n° 3, Málaga 1980.

4. "Escribir la Muerte", PAPELES DE POESIA, n° 8. Málaga 1985

5. "Esplendor de la tristeza". Nuevos cuadernos de María Cristina, n° 8 Angel Caffarena, Málaga 1986

6. "Sucedió en Nerja" Col. Narixa. Nerja, Málaga, 1988.

7. "La soledad del que sabe una historia". PAPELES DE POESÏA, Málaga, 1988

8. "Zulo de Noviembre". Col, SOLARIUM. Málaga, 1988

9. "La reina del Habana Ron Club Mambo". Ateneo de Málaga.1994

10. "El mar en los hangares". Ediciones de Aquí, Benalmádena. Málaga 2004.

11. "Viviré del aire", Miami, EEUU, 2014. Y Madrid, 2014.

12.GUIONISTA. He sido guionista de Radio Nacional de España (RNE).

13. Miembro de pretigiosos juardos de poesía como el "Antonio Gala", , el concurso "Gerard Brenan", el de poesía "Salvador Rueda", etc.

(EXISTE UN PREMIO DE POESÍA QUE LLEVA SU NOMBRE)

LIBRO INÉDITO:

1.- "Y PORTUGUESA EL ALMA"

2. Artículos en revistas de reconocida relevancia

1. "Vicente Aleixandre. Ensayo bibliográfico". CALAS nº 3, Revista de Literatura del Centro Cultural Generación del 27, Málaga, junio 1998

2."Los diarios de Emilio Prados", revista INSULA, 628, Madrid, abril, 1999

3. "La sangre iluminada, (Sobre la obra de María Zambrano)" MUNDAIZ, nº 58, Universidad de Deusto, San Sebastián, julio-diciembre 1999

4"Los trances de la sombra", en "El vuelo". María Victoria Atencia", LITORAL, 213-214, Málaga

5. El proyecto de Reforma en las EEMM y el BUP. IDEAL, Granada 31,octubre 1981

6. La Reforma, una Reforma leonina, IDEAL Granada 2 Diciembre, 1981

7. A favor de Genet y de otros marginados, SUR Málaga, 20 mayo 1984

8. Paraíso Cerrado, SUR, Málaga 22 junio 1984

9. "La Cava" , el inicio de una utopía estética", SUR, 20, 10, 1984

10. El dios y lo absoluto en la pintura de JDP. SUR, Málaga 28 0ctubre 1984

11. Eugenio Chicano. La memoria como espejo." SUR, Málaga, 20 abril 1985.

12. El Guardián, SUR; Málaga, 11, mayo 1985.

13. Rafael Pérez Estrada. El perfil humano de un escritor, ESTARIBEL, n°9, universidad Popular de Puerto Llano, Ciudad Real, otoño, 1985

14. No perecí y, empero, nada de la vida subsistió, SUR Málaga 17 mayo 1986

15. El libro diario SUR 11 mayo 1986

16. La triste y cándida historia de un poeta cansado. Sur 15 marzo 1986

17. La poesía de la Banda de los corazones solitarios. Revista ESTARIBEL, n°11, Universidad Popular de Puerto Llano. Ciudad Real 1986.

18. "Un poeta como la copa un pino: Juan Luis Panero, Revista Estaribel, n° 15 Universidad Popular de Puerto Llano, Ciudad Real, noviembre 1987.

19. Pedro Pérez Clotet. Antología Poética. El maquinista de la Generación, n° 7, Febrero Málaga, 2004

20. "La poesía de la banda de los corazones solitarios , SUR, 12 octubre 1985.

21. La defensa de la Reforma como algo inevitable, SUR, 16 de marzo 1988.

22. LA triste y cándida historia de un poeta cansado". SUR, 15 de marzo 1986.

23. Picasso y la poesía. El faro, Motril,8 de Octubre, Granada, 2004

24. Los poemas de Picasso. *Robador de Europa* nº 2-3, Facultad de Filosofía y Letras, Universidad de Málaga, Málaga, diciembre 2004.

3. Publicaciones en actas de congresos

-"Emilio Prados: Los diarios". En "EMILIO PRADOS. Un hombre, un universo". Estudios del 27. Centro Cultural de la Generación del 27, Málaga, 2000

-"Sobre la literatura contemporánea. Aquellos sones que ardieron". Pp 253-258. Actas del VIII Simposio de

Actualización Científica y Didáctica de Lengua Española y Literatura.

4. Prólogos e introducciones

-Introducción al "Diario íntimo" de Emilio Prados, Centro de ediciones de la Diputación de Málaga y Centro Cultural del 27, Málaga, 1998

5.Anotaciones a textos de reconocido valor

-Notas al **"Diario íntimo"** de Emilio Prados, Centro de ediciones de la Diputación de Málaga y Centro Cultural del 27, Málaga, 1998

6. Ponencias en Congresos no publicadas

-Ponencia en el congreso de Profesores de Español "Elio Antonio de Nebrija" sobre "La literatura contemporánea: Guía para seguir perplejos"

- María Zambrano: la sangre iluminada, imagen de la literatura como conocimiento". En el III Congreso Internacional sobre la vida y la obra de María Zambrano.

7. Director de la colección

1. - Dirigí una Colección de Poesía que alcanzó hasta el número 40. "Papeles de Poesía". **Solarium**

2. -Dirigí la revista de literatura **TANIT**. Materiales para la cultura.

3. Actualmente dirige la colección de Poesía **"PUERTA DEL MAR",** de la Diputación de Málaga.

-Formo parte del grupo de investigadores del patrimonio malagueño. Universidad de Filosofía y Letras. Filología española.

Manuel Salinas Fernández

Premio al mejor libro publicado en Estados Unidos en lengua no inglesa

MANUEL SALINAS

Y PORTUGUESA EL ALMA

Tengo los ojos niños y portuguesa el alma

Lope de Vega. *La Dorotea* (Acto IV, esc I.)

Pastor, este descanso tan dichoso
Dios me lo concedió, [...]
que por su beneficio soy vaquero
y canto, como ves, pastorilmente
lo que me da contento y lo que quiero.

Virgilio, Egloga I.

1

LOCUS AMOENUS

A Francisco Acuyo.

La mayor aventura

sucede dentro; abre los ojos dentro: la vida,

su claridad inaceptable, una luz resuelta

en aromas dentro, sólo un sol, un sol

de una patria remota, derramado y nuevo,

todo es nuevo: la esperanza, la alegría, la verdad

o la mentira que llevaba dentro. No hay

otra isla perdida sino la infancia. Venga la primavera,

venga la palabra a encender el maravilloso

desorden de las cosas, su murmullo

animal y caliente de selvas y desiertos; de rutas

de la seda y fuentes del Nilo; de estuarios

del Amazonas y deltas del Meckong. Dentro

es la tiniebla luz, un mar de alas blancas,

junto al manzano.

2

INSTANTE

A María Teresa Martín-Vivaldi,

NADA está dicho, nada

ha llegado, nada se detiene;

tan imposible, tan clara

la vida: la alegría de mirarte,

de nombrar esa música

de buganvilla o ciruela; tan ciertas

las notas, tan instante el instante.

No sé si lo imagino: el mar

es su voz, tan dispuesto, tan íntimo,

tan ardido, cada segundo

un canto nuevo, esa victoria,

entregada en amores, la locura

de este mundo, su belleza infinita.

3

LINDE DE LUZ

A Rosaura Álvarez

Aquella linde de luz donde no se asoma

el cielo, aquella quietud de cal que se alza en vida,

aquel ciprés que es venteo

de alegres llamas que perderse esperan,

en qué eternidad se ocupan, qué tórtola

en sus muros, qué primavera quiere en los tapiales

desatarse; sólo el amor nos lleva, sólo el amor convida

a tocar con las manos otro sol más alto,

otra luz, otro aire que impone la aurora y la alegría,

olvidado de sí entre azucenas, olvidado.

4

EPPUR SI MUOVE

Nada es más real que un sueño,

pura luz que sube tras la lluvia

de la tierra.

Todo es posible, todo: destello. Y la vida,

pura brisa, nos lleva

a mirar los alcores y los libres vilanos nevados.

Nunca sé donde dejo las cosas. Nada

está donde estaba: era aire,

puro cielo.

Todo está por llegar y ha debido pasar todo,

luz, tan cierta la luz, daba a la eternidad, al viento daba

otros soles, otros mundos de ahoras perfumados.

Nada es piedra, pura alma, y el río

más chico la mueve.

5

EL CORAZÓN MANDA

A Dionisio Pérez Venegas

El hombre es dios si quiere;

son muchos los prodigios, qué maravilla

el aire que inclina la tarde

a traer el sol, a sombrarnos siempre;

tanto fuego, tantos sueños; tantas guerras,

tantos besos: un mundo que ayuda

a entender el nuestro.

Sólo el amor es vida, sólo el amor

es sabio.

Libre es su manera de vivir

enamorado; ama la mano de nieve,

esa melodía, la humana hermosura

y en la altas sierras, que tierra apenas

tocan, siervo es

de los lirios del campo que no trabajan ni hilan.

Sólo el amor es libre, sólo el amor

es sabio.

6

ABRIL ES UNA HERIDA

Una hoja de oro se ha perdido

con la gloria y el miedo de quebrarse;

siempre es corta la primavera. Pero

un día fue la música, la claridad,

un carmín futuro y un futuro verdor.

Tienen nombre todas las hojas.

Una hoja de oro despierta el prodigio,

vuelve a la noche, no encuentra

la rama, otro orden la persigue: la alegría

de ser —abril es una herida—, huido

aroma de la hermosura del mundo.

Dorado lo que acaba y recuerda

lo único que dura: el gozo

de las cosas por decir y entre las ramas el azul

celeste de los sueños.

7

PIEDRA VIVA

Para Antonio Carvajal.

Es la inocencia la única verdad, asombro

que da sentido al mundo, milagro

del dolor que rinde su fruto azul, guirnalda

donde el aire florece. Y la rosa,

siempre rosa, y la hormiga, hormiga siempre.

Es entrega la inocencia, tapia del paraíso,

agua desgajada de la más alta luz; la belleza

duele en pleno gozo, en pleno

canto, sin pauta, aguda y grave

herida, siempre herida, rosa, rosa siempre.

Es lugar sagrado la inocencia, audaz ruiseñor

que entre dragones amarillos, apaga el miedo,

libre de perderse, de ser hallado, libre; cielo,

hondo cielo, cielo siempre. La belleza

es verdad sólo si duele.

MANUEL SALINAS

INDICE

Introducción 6

María Elena Altamirano 7
Fotografía 8
Biografía..9
Recuerdo 10
Vuelve 11
Ya no estás 12
A la deriva... 14
Imposible 16
Qué saben.. 18
Sólo tú 20
Si algún día 22

Ramón Amarillas... 23
Fotografía.. 24
Biografía 25
Sueños y secretos I... 26
Sueños y secretos II.. 28
Muñeca rota 29
Barco de papel.. 30
Octubre/cuarenta grados.. 31
Gracias Argentina 32
Bajo la sombrilla 33

Jeannette Cabrera Molinelli 34
Fotografía 35
Biografía 36
Mariposas 37
Gladiolas 39
Sin permiso 41

Mari Ángeles Castillo Romero 43
Fotografía 44
Curriculum 45
Primavera en Noviembre 48
A Orillas del Darro 49
Leyendo a Ronsar 50
Cuando tú eres la noche 51
EN PRIMAVERA NO HAY PRISA 52
I 53
II 54
III 55
IV 56
V 57
VI 58

Elsa De Fátima García 59
Fotografía 60
Biografía 61
Rompiendo cadenas 62

Franklin Antonio Galarza Cuesta 68
Fotografía 69
Biografía 70
El Grillo y la Rana 71
Montubio Luchador 76
El Progreso 77
La Rana y la Mariposa 78
El Pianista 79
Un Sabio como Sansón pero Anciano 80

Soraya Gómez 81
Fotografía 82
Biografía 83
El Fuego del Amor 84
Por Ti 87
Orquídea Negra 89
Aún Te Extraño 91
Nada Es Imposible 94

José Romero Muñoz 96
Fotografía 97
Biografía 98
Vivir Y No Morir Vivo 99
Atardecer De Rojo Tono Apagado 100
Consumiendo Tus Días 101
Entre Cipreses 102
Segundo Que Marchitan Mi Piel 103

Sombras De Un Ayer 104
Un Arcoíris..105
Los Versos Proclaman Justicias..107

José Sánchez Hernández 108
Fotografía..109
Curriculum 110
Nocturno y Soneto..112
Entre Tú y Yo..113
Vigilia de la Voz 114
Ezequiel..115
Una Fogata Lenta..117
Del Azar y Otras Muertes 118
Aprendiz de Jugador..119
No Ser Ulises..120

Gladys Viviana Landaburo 121
Fotografía..122
Biografía 123
Los Días De Marta..126
La Cabaña En Condominio..128
Las Flores De Joaquina..130

Julie Laporte..132
Fotografía..133
Biografía 134
Desaliento..135

Hugo Lencinas 137
Fotografía..138
Biografía 139
Lecho De Fuego..140
Mi Soledad..142
Amo Tu Silencio..145
Después De Mi Pena..148

Marta Susana Liébana Albarenque 151
Fotografía..152
Biografía 153
Desilusión 154
Este Hermoso Sentimiento...155
No Tengo Consuelo...157
Muy Sola...160
Te Seguiré Buscando 163

Alejandra Ruth Matutti 166
Fotografía..167
Biografía 168
El Desamor II 169
Destino..171
Pornógrafo Emocional...173
Tilquicho 176

Ernesto Agustín Medina 178
Fotografía..179
Biografía 180
De Pie..181
Para Tus Ojos..182
Soy El Que Espera...183
Cometas 184
Mi Otra Voz 185

José Lorenzo Medina...186
Fotografía..187
Biografía 188
Bailando Con Su Sombra 189
Amor En Primavera..193
"Te Quiero Mía"...194
"Despertar"...195
"Busco Un Cuerpo Complaciente" 196
"Te Amo"..198

Misael Mendoza..199
Fotografía..200
Biografía..201
Lluvia En Esta Tarde..202
Elegía De Tu Encuentro 203

Soñaré..204
Me Has De Extrañar..205
Te He Visto Con Otra...207
Soneto Para Siempre 208
Soneto De La Playa...209
Me Llegó La Vejez Amada Mía..210

Fabiana Piceda..212
Fotografía..213
Biografía...214
La Amiga De Mariano 216

Luz Ramirez...221
Fotografía..222
Biografía...223
Nicho entre las montañas..224
Visión..227
¡Qué afán de llegar!..229
La medida del amor es desmedida..231
Un meteorito 232

Adriana Estela Sánchez..233
Fotografía..234
Biografía...235

Te miro..236

Siete lunas..237

Tu Voz..238

Mi boca..239

La muerte...240

Recuerdo de mi infancia...241

Despertar..242

Mi musa..243

José Luis Rubio..244

Fotografía...245

Curriculum...246

Sonando..248

Josefina Stasiuk 255

Fotografía...256

Biografía...257

Miedo..258

Guarda mi alma..260

Mi tiempo tarda...261

Adicta a ti...262

Te tengo presente 263

Amor prohibido...264

De a poco...266

Sara Teckel..268
Fotografía..269
Biografía..270
Viento frío...271
Cenizas al viento..274
Árbol de vida...277
Rosa rosa..279

Invitado Especial:Manuel Salinas...281
Fotografía...282
Curriculum...283
Y Portuguesa El Alma 293
Locus Amoenus..294
Instante...296
Linde De Luz 298
Eppur Si Muove..399
El Corazón Manda 301
Abril Es Una Herida 303
Piedra Viva..305

www.ingramcontent.com/pod-product-compliance
Lightning Source LLC
Chambersburg PA
CBHW022001160426
43197CB00007B/216